PROJEKT-
MANAGEMENT

ANDY BRUCE
& KEN LANGDON

Dorling Kindersley

Dorling **DK** Kindersley

Lektorat Adèle Hayward
Gestaltung Caroline Marklew
DTP-Design Jason Little
Herstellung Heather Hughes

Cheflektorat Stephanie Jackson
Chefbildlektorat Nigel Duffield

Die Deutsche Bibliothek – CIP-Einheitsaufnahme

Ein Titeldatensatz für diese Publikation ist bei
Der Deutschen Bibliothek erhältlich.

Titel der englischen Originalausgabe:
Project Management

Übersetzung Evita Klaiber
Redaktion Michael Holtmann, Tanja Eisenhardt
Satz Verlagsbüro Michael Holtmann, Bayreuth

ISBN 3-8310-0112-X

Besuchen Sie uns im Internet

www.dk.com

INHALT

IMPLEMENTIERUNG EINES PLANS

LEISTUNGS- KONTROLLE

EINLEITUNG

Erfolg in der heutigen wettbewerbsorientierten Businesswelt heißt für Manager, Ergebnisse rechtzeitig und im Rahmen des Budgets zu liefern. Wenden Sie die Methoden, Tools und Verfahren an, die dieses Buch präsentiert, und Sie werden Ihre Leistung steigern sowie stets optimale Ergebnisse erzielen. Das Buch ist für Manager aller Ebenen geeignet und bietet das Know-how, mit dem Sie jedes Projekt erfolgreich abschließen können: Wie Sie ein Projekt mit Elan angehen, Ihr Team motivieren und Probleme bewältigen. Jeder Aspekt professionellen Projektmanagements wird detailliert erörtert, Projektplanung schrittweise erläutert und durch 101 weitere praktische Tipps ergänzt. Schließlich können Sie mithilfe eines Tests Ihre persönlichen Qualitäten als Projektleiter ermitteln und Ihre Fähigkeiten und Aussichten zukünftig noch verbessern.

DIE GRUNDLAGEN VERSTEHEN

Projektmanagement ermöglicht es, Ergebnisse strukturiert, konzentriert, flexibel und kontrolliert zu erzielen. Wir zeigen, worin ein Projekt besteht und wie Sie die Erfolgsquote steigern.

PROJEKTE DEFINIEREN

Ein Projekt besteht aus einer Reihe von Tätigkeiten, mit denen innerhalb eines bestimmten Zeit- und Budgetrahmens ein bestimmtes Ziel erreicht werden soll. Lernen Sie, Projekte aus Ihrem Arbeitsalltag herauszulösen.

1 Sehen Sie ein neues Projekt als Chance, Ihre Fähigkeiten zu verbessern.

2 Prüfen Sie, welche Ihrer Aufgaben sich durch ein Projekt besser umsetzen lassen.

WAS IST EIN PROJEKT?

Ein Projekt besteht aus einem konkreten Anfangs- und Endpunkt, festgelegten Zielen und der Abfolge verschiedener Vorgänge, die nicht besonders komplex sein müssen. Die Kantine neu zu streichen ist genauso ein Projekt wie der Bau einer Brücke. Sie können an einem Projekt mitarbeiten, ohne es zu wissen, z.B. wenn Sie außerhalb des normalen Arbeitsablaufs in einem bestimmten Team auf eine bestimmte Deadline hinarbeiten. Routine besteht überwiegend aus stetigen, sich wiederholenden und prozessorientierten Arbeitsabläufen. Manche Routineabläufe eignen sich durchaus für ein Projekt .

WICHTIGE FRAGEN

F An welchen Projekten bin ich derzeit beteiligt?

F Welche angestrebten Veränderungen im Unternehmen können als Projekt besser verwirklicht werden?

F Würde meine Arbeit effektiver, sähe ich bestimmte Aufgaben als Teile eines Projekts?

F Könnte ich durch Projektmanagement-Strategien effizienter werden?

WAS BRINGT PROJEKT-MANAGEMENT?

Angesichts der wettbewerbsorientierten Wirtschaft müssen Sie schnell und flexibel auf sich ständig wandelnde Kundenbedürfnisse reagieren. Durch Projektmanagement können Sie Prioritäten setzen, Leistung kontrollieren, Probleme bewältigen und sich dem Wandel anpassen. Mit bewährten Tools und Kontrollmethoden führen Sie Ihr Team so, dass Sie Ziele im Zeit- und Budgetrahmen erreichen. Tätigkeiten als Projekt zu organisieren mag anfangs zeitaufwändig sein, spart langfristig aber Zeit und Aufwand und steigert die Erfolgsquote.

HAUPTMERKMALE EINES PROJEKTES

MERKMALE	ANMERKUNGEN
EXAKTER ANFANGS- UND ENDPUNKT Jedes Projekt hat Vorbereitungs- und Endabwicklungsphasen.	❋ Manche Projekte wiederholen sich zwar, sind jedoch keine Prozesse, da sie klare Anfangs- und Endpunkte haben. ❋ Routinearbeit unterscheidet sich von Projektarbeit, sie wiederholt sich ständig, es gibt keinen konkreten Endpunkt.
ORGANISIERTER PLAN Projektziele werden durch geplantes, methodisches Vorgehen erreicht.	❋ Gute Planung ermöglicht, Projekte im Zeit- und Budgetrahmen mit den gewünschten Ergebnissen zu realisieren. ❋ Ein effektiver Plan dient als Rahmen und skizziert die erforderlichen Tätigkeiten.
SEPARATE RESSOURCEN Projekte bestehen aus separat zugeteilten Mitteln wie Zeit, Personal und Geld.	❋ Manche Projekte laufen außerhalb der normalen Arbeitsroutine ab, manche nicht, alle erfordern jedoch separate Ressourcen. ❋ Bewilligte Ressourcen sind wesentlich für den Erfolg.
TEAMWORK Normalerweise ist ein Team erforderlich, um die Projektarbeit zu leisten.	❋ Projektteams sind verantwortlich und motiviert, ihre Projektziele zu erreichen. Sie tragen damit zum Erfolg des ganzen Unternehmens bei. ❋ Projekte bieten Herausforderung und Erfahrung.
FESTGESTELLTE ZIELE Die Ergebnisse aus separat zugeteilten Mitteln wie Zeit, Personal und Geld	❋ Ein Projekt schafft häufig neue Arbeitsmethoden oder weitere Innovation. ❋ Für alle am Projekt Beteiligten müssen Ziele definiert werden.

SCHLÜSSELFUNKTIONEN

An Projekten können viele Personen mit den unterschiedlichsten Fähigkeiten und Qualifikationen beteiligt sein. Jedes Projekt weist jedoch einige zentrale Funktionen auf, und es ist wichtig, zu verstehen, wie diese aussehen.

3 Notieren Sie alle Personen, die Ihnen hilfreich sein könnten.

KULTURELLE UNTERSCHIEDE

In den USA muss ein Projekt von einer Führungskraft gefördert und von unternehmensrelevanten Gruppen getragen werden. Auch in den flacheren Hierarchien Australiens bedarf es der Zustimmung eines Vorgesetzten. In England muss der Geldgeber keine übergeordnete Funktion, das Unternehmen jedoch starkes Interesse am Projekt haben.

ROLLENVERSTÄNDNIS

Als Projektleiter sind Sie mit dem gesamten Projekt betraut. Im Alleingang ist Erfolg kaum möglich; bauen Sie daher gute Beziehungen zu anderen Schlüsselpositionen auf, z. B. zum Geldgeber des Projekts, der auch Ihr Vorgesetzter sein kann und Sie (finanziell/moralisch) unterstützt; zu leitenden, für den Erfolg des Gesamtprojekts verantwortlichen Teammitgliedern; zu wichtigen Teilzeit- oder untergeordneten Mitarbeitern sowie zu wertvollen Experten und Beratern. Es gibt auch unternehmensrelevante Gruppen oder Parteien mit berechtigtem Interesse am Projekt, z. B. Kunden, Zulieferer oder Angestellte anderer Unternehmensbereiche.

UNTERNEHMENSRELEVANTE GRUPPEN

Beziehen Sie unternehmensrelevante Gruppen bereits früh mit ein. Konzentrieren Sie sich auf diejenigen, die das Projekt entscheidend beeinflussen können, und überlegen Sie bei der Erstellung des Projektplans, wie häufig sie zu konsultieren sind. Sind sie überzeugt und unterstützungsfreudig, können Sie mit deren Hilfe auch andere Parteien motivieren. Machen Sie sich diejenigen zu Verbündeten, die über wichtige Ressourcen verfügen. Stellen Sie sicher, dass alle Beteiligten ihre Rolle innerhalb des Projekts und die jeweiligen Auswirkungen kennen.

4 Bauen Sie ein gutes Verhältnis zu den wichtigsten Gruppen auf.

5 Sie müssen Ihren engsten Mitarbeitern auch wirklich vertrauen können.

SCHLÜSSELPOSITIONEN UND IHRE FUNKTIONEN

SCHLÜSSELPOSITION	FUNKTIONEN

GELDGEBER
Initiiert ein Projekt, ergänzt Kompetenzen des Teams und ist ranghöchstes Teammitglied

* ❋
* ❋
* ❋ Dient als Vorbild, gibt Impulse
* ❋ Kann Ressourcen erschließen

PROJEKTLEITER
Dafür verantwortlich, dass Ziele des Projekts insgesamt erreicht werden, leitet das Projektteam

* ❋ Stellt detaillierten Aktionsplan auf
* ❋ Motiviert und fördert das Team
* ❋ Informiert unternehmensrelevante Gruppen und andere über den Stand des Projekts
* ❋ Überwacht Projektfortschritt, greift ein

UNTERNEHMENS-RELEVANTE GRUPPE
Jede andere Partei, die am Erfolg des Projekts interessiert oder davon betroffen ist

* ❋ Trägt durch Feedback zu den einzelnen Phasen des Projektplanungsprozesses bei
* ❋ Ist möglicherweise nur zeitweise beteiligt
* ❋ Muss nicht am gesamten Projekt interessiert sein, wenn ihre Beiträge erbracht sind

LEITENDES TEAMMITGLIED
Unterstützt den Projektleiter und sorgt für erforderliche Informationsbandbreite

* ❋ Maßgeblich beteiligt an Überprüfung der Durchführbarkeit und an der Projektplanung
* ❋ Steuert gegebenenfalls Fachkenntnisse bei
* ❋ Direkt verantwortlich, dass Projekt innerhalb des Zeit- und Budgetrahmens realisiert wird

TEAMMITGLIED
Vollzeit- bzw. Teilzeitkraft, die gemäß Projektplan bestimmte Aufgaben übernimmt

* ❋ Ist für Erledigung der Aufgaben gemäß Projektplan verantwortlich
* ❋ Kann auf beratende Funktion oder auf Teilbereiche des Projekts spezialisiert sein

KUNDE
Interne oder externe Person, die von der durch das Projekt herbeigeführten Entwicklung profitiert

* ❋ Beeinflusst entscheidend Zielsetzung des Projekts und Bewertung des Erfolgs
* ❋ Bestimmt Zeitpunkt und Abfolge der einzelnen Aktivitäten
* ❋ Gibt dem Projektleiter den Kurs vor

ZULIEFERER
Liefert zur Durchführung des Projekts erforderliches Material, Produkte oder Dienstleistungen

* ❋ Kann stark in das Projekt eingebunden sein und erheblich zu seinem Erfolg beitragen
* ❋ Liefert rechtzeitig, stellt Güter oder Dienstleistungen zu Fixkosten zur Verfügung, die am Anfang mit Projektleiter ausgehandelt wurden

WAS IST WESENTLICH FÜR ERFOLG?

Um das gewünschte Ergebnis zu erreichen, braucht ein Projekt genau festgelegte Ziele, ein engagiertes Team und einen realistischen Tätigkeitsplan, der bei Veränderungen abgewandelt werden kann. Halten Sie sich daran, und Sie werden Erfolg haben.

6 Machen Sie den Beteiligten deutlich, was Sie erreichen möchten.

7 Geben Sie Ihre Ziele Kollegen zu lesen. Bei Kritik überprüfen Sie die Ziele.

KLARE ZIELSETZUNG

Ein erfolgreiches Projekt muss auf klar definierten Zielen basieren. Diese Ziele müssen gemeinsam getragen werden, damit die Erwartungen übereinstimmen. Der Projektrahmen muss konsistent bleiben, damit die anfänglich definierten Ziele erreicht werden. Der Initiator des Projekts, meistens Geldgeber oder Kunde, sollte Rahmen bzw. Umfang nicht erheblich verändern müssen. Die maßgeblich am Erfolg Beteiligten müssen sich voll und ganz für das Projekt engagieren, auch wenn sie nur auf Teilzeitbasis mitarbeiten.

ENGAGEMENT FÖRDERN

Ein motiviertes, qualifiziertes und engagiertes Team ist für den Erfolg jedes Projekts unerlässlich. Motivation und Führung durch den Projektleiter sind daher entscheidend. Als Projektleiter sind Sie verpflichtet, aus Ihrem Team das Beste herauszuholen, es in die richtige Richtung zu führen und zu ermöglichen, dass die Mitglieder davon profitieren. Wählen Sie sie sorgfältig aus, und sorgen Sie nötigenfalls für Schulung. Sie brauchen von Anfang an die dauernde Unterstützung Ihres Vorgesetzten, des Geldgebers und anderer beteiligter Parteien.

WICHTIGE FRAGEN

F Werde ich den Bedürfnissen der Kunden gerecht, wenn ich das Projekt initiiere?

F An wen wende ich mich, um grünes Licht zu bekommen?

F Kann ich darauf vertrauen, dass die Hauptbeteiligten sich für den Erfolg einsetzen?

F Sind die Ziele des Projekts insgesamt realistisch?

8 Sie werden den Projektplan mehrfach überarbeiten und verbessern müssen.

PLANUNG UND KOMMUNIKATION

Der reibungslose Ablauf eines Projekts verlangt, dass die erforderlichen Ressourcen rechtzeitig verfügbar sind. Gefragt ist effektive vorausschauende Planung, die nicht nur Personal, sondern auch Einrichtungen, Ausstattung und Material berücksichtigt. Die beste Orientierung bietet ein detaillierter und vollständiger Plan, aus dem alle Ziele, Tätigkeiten, erforderlichen Ressourcen und Termine hervorgehen. Wichtig ist auch, dass Sie alle Beteiligten von diesem Plan in Kenntnis setzen und ihn ständig aktualisieren.

◀ STELLEN SIE FRÜH DIE WEICHEN
Stellen Sie mit Ihrem Vorgesetzten sicher, dass von Anfang an ein realistischer Zeitplan und ein ausreichendes Budget veranschlagt wurden, um finanzielle oder zeitliche Engpässe zu verhindern.

FLEXIBILITÄT

In der heutigen sich schnell verändernden Geschäftswelt kann die Fähigkeit, einen Schritt voraus zu sein, entscheiden, ob Projektziele erreicht werden oder nicht. Sie müssen Ihre Pläne flexibel und spontan anpassen können. Sie werden kaum Ihrem ursprünglichen Plan treu bleiben können, da sich Umstände und Anforderungen im Laufe des Projekts verändern. Sie müssen Ihren Plan also regelmäßig überarbeiten, um ihn anzupassen. Ihr Projekt kann nur Erfolg haben, wenn Sie bereit sind, die Notwendigkeit von Änderungen vorauszusehen, darauf einzugehen, sie umzusetzen und die Auswirkungen angemessen zu beurteilen.

9 Akzeptieren Sie, dass Wandel unvermeidbar ist.

10 Hoffen Sie das Beste, aber rechnen Sie mit dem Schlimmsten.

EINZELNE PHASEN FESTLEGEN

Es gibt fünf Projektphasen: Vorbereitung, Planung, Motivation, Kontrolle und Endabwicklung. Beginnen Sie mit Elan, schließen Sie zufrieden stellend ab, und achten Sie während des Projekts darauf, welcher Methoden und Fähigkeiten es bedarf.

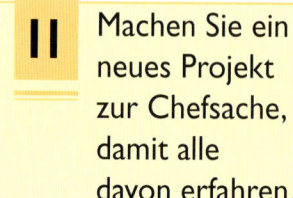

11 Machen Sie ein neues Projekt zur Chefsache, damit alle davon erfahren.

NICHT VERGESSEN

❀ Ein neues Projekt ist eine viel versprechende Chance, neue Fähigkeiten und Kenntnisse in Ihr Unternehmen einzubringen.

❀ Schaffen Sie ein gutes Klima zwischen Ihren Teammitgliedern, damit sie sich durch konstruktive Beiträge gegenseitig unterstützen.

❀ Kümmern Sie sich früh um ein System, die Erfahrungen der Teammitglieder zu dokumentieren.

PROJEKTPLANUNG

Ob Sie selbst, Ihr Vorgesetzter oder ein Kunde das Projekt initiieren – der Planungsprozess beginnt immer damit, eine Zielvorstellung zu konzipieren, die genau beschreibt, was erreicht werden soll. Hierzu beraten Sie gemeinsam mit Ihren engsten Mitarbeitern und den Vertretern der unternehmensrelevanten Gruppen. Ist die Zielvorstellung konzipiert, können Sie einzelne Ziele festsetzen, Vorgehensweisen und Ressourcen bestimmen, Aufgaben zuweisen und zeitlich fixieren und zuletzt den Plan mit der Zustimmung aller verbindlich bestätigen.

IMPLEMENTIERUNG DES PLANS

In der Implementierungsphase müssen Sie die Teammitglieder auswählen, beobachten, wie sich das Team entwickelt, Teamwork fördern, wichtige Entscheidungen billigen und sich unterschiedlicher Führungsstile bedienen, um unterschiedliche Charaktere zu motivieren und zu inspirieren. Damit sich alle Beteiligten engagiert einsetzen, ist es wichtig, das Projekt betont schwungvoll zu beginnen und den Einfluss von Geldgebern, Vorgesetzten oder Kunden dafür zu nutzen, jeden auf den Plan einzuschwören. Bieten Sie allen Zugang zu allen wichtigen Informationen, und halten Sie den Informationsfluss jederzeit aufrecht.

12 Überwachen Sie das Projekt von Anfang bis Ende – überall können Probleme lauern.

LEISTUNGSKONTROLLE

Läuft das Projekt, müssen Sie überprüfen, ob es sich gemäß Zielsetzung und Zeitvorgaben entwickelt. Ein effizientes Kontrollsystem ist unverzichtbar, um auf Probleme und Veränderungen zu reagieren, bevor das Projekt aus dem Ruder läuft. Sie sollten regelmäßig Berichte erstellen lassen, Teambesprechungen abhalten und Meilensteine festlegen, anhand derer Sie Fortschritte messen können. Bei möglichen Problemen wenden Sie entsprechende Verfahren zu deren Bewältigung an; modifizieren Sie, wenn nötig, Ihren Plan entsprechend. Den maximalen Nutzen für das gesamte Unternehmen erzielen Sie, indem Sie Ihre Erfahrungen als Referenzmaterial für zukünftige Projekte dokumentieren.

Projektleiterin begrüßt erfreut ein neues Teammitglied.

WIE SICH EIN PROJEKT ENTWICKELT

Initiatoren konzipieren eine Zielvorstellung.

⬇

Hauptbeteiligte skizzieren Zweck und Ziele.

⬇

Prioritäten für Tätigkeiten und Ressourcen werden bestimmt.

⬇

Projektplan wird von allen Beteiligten gebilligt.

⬇

Projektleiter führt Projektplan aus, leitet das Team an.

⬇

Fortschritte werden kontrolliert und der Plan wenn nötig überarbeitet.

⬇

Projekt wird im Zeit- und Budgetrahmen erfolgreich abgeschlossen.

◀ GUTES KLIMA SCHAFEN

Führen Sie das Projektteam so früh wie möglich zusammen, damit sich alle informell kennen lernen. Sympathie ist eine entscheidende Voraussetzung, strahlen Sie Optimismus aus, und zeigen Sie Ihre Freude, mit dem Team zusammenzuarbeiten.

DURCHFÜHRBARKEIT

*B*evor Sie ein Projekt beginnen, sollten Sie sicher sein, dass die Chancen für den Erfolg gut stehen. Ergreifen Sie alle geeigneten Maßnahmen, um herauszufinden, ob das Timing stimmt, die Durchführbarkeit gewährleistet ist und sich das Projekt wirklich lohnt.

13 Hüten Sie sich, das Unmögliche möglich machen zu wollen.

14 Finden Sie die Schwachstellen des Projekts.

15 Überprüfen Sie, ob der Zeitplan realistisch ist.

DAS RICHTIGE TIMING

So viel versprechend ein Projekt sein mag, prüfen Sie stets sorgfältig, ob der richtige Moment gekommen ist, es zu realisieren. Berücksichtigen Sie andere laufende Projekte. In manchen Unternehmen laufen so viele Projekte parallel, dass nie alle verwirklicht werden können. Sie können Ihr Projekt z. B. verschieben oder diejenigen einschränken, die voraussichtlich keine zufrieden stellenden Ergebnisse liefern. Da alle Projekte von limitierenden oder gar knappen Ressourcen abhängen, müssen triftige Gründe für das Projekt vorliegen und dafür, es gerade jetzt zu initiieren.

TREIBENDE KRÄFTE FESTSTELLEN

Jedes Projekt beruht auf Bedürfnissen des Unternehmens. Je stärker die treibenden Kräfte, umso wahrscheinlicher der Erfolg des Projekts. Sollen mit einem Projekt z. B. Kunden zurückgewonnen werden, ist die treibende Kraft erheblich. Um eine Liste der treibenden Kräfte bzw. Beweggründe zu erstellen, die für Ihr Projekt sprechen, müssen Sie feststellen, welchen Bedarf des Unternehmens Ihr Projekt deckt, und es mit den anderen vergleichen. Gibt es z. B. zwei Projekte zur Steigerung des Verkaufs, setzt sich wohl das durch, das die größere Steigerung des Verkaufs in Aussicht stellt.

WICHTIGE FRAGEN

F Gibt es derzeit Projekte höherer Priorität, die wesentliche Ressourcen in Anspruch nehmen?

F Decken sich meine Projektziele mit den langfristigen Zielen des Unternehmens?

F Wie wird sich das Ergebnis meines Projekts auf die Leistung des Unternehmens auswirken?

F Könnte dieses Projekt den Erfolg eines bereits laufenden Projekts gefährden?

HEMMENDE KRÄFTE ERKENNEN

Manche Projekte werden nicht zu Ende geführt. Dies liegt z. B. am Widerstand von Mitarbeitern, sich dem Wandel anzupassen, an der Arbeitslast, an Informations- oder Ressourcenknappheit oder dem Mangel an qualifizierten Kräften. Erkennen Sie diese hemmenden Kräfte rechtzeitig, um ihnen gegenzusteuern oder den Zeitplan Ihres Projekts zu ändern. Hemmende Kräfte treten oft in Unternehmen auf, die zwar viele Projekte starten, um Arbeitsmethoden zu ändern, jedoch nicht in der Lage sind, sie zu Ende zu führen. Sehen Ihre Mitarbeiter in einem Projekt nur eine der unzähligen Managementstrategien, wird es schwer sein, sie zu motivieren.

▼ BEI FACHLEUTEN RAT SUCHEN

Bitten Sie ein leitendes Teammitglied mit Fachkenntnissen, Ihnen dabei zu helfen, Gründe zu finden, warum das Projekt scheitern könnte. Spezialisierte Kräfte können eher Schwachstellen aufzeigen.

▼ STÄRKEN-SCHWÄCHEN-ANALYSE

Erstellen Sie ein einfaches Diagramm wie unten, um treibende und hemmende Kräfte zu vergleichen. Stellen Sie die treibenden Kräfte als horizontale Säulen dar, und geben Sie ihnen Werte zwischen eins und fünf. Verfahren Sie ebenso mit den hemmenden Kräften (negative Werte).

ERFOLG VORHERSAGEN

Mit Hilfe einer Stärken-Schwächen-Analyse können Sie feststellen, ob treibende oder hemmende Kräfte überwiegen und ob das Projekt gute Erfolgschancen hat. Sie erkennen auf einen Blick, ob die Tendenz zum Erfolg oder Scheitern besteht. Zur Beurteilung der relativen Auswirkung jeder Kraft bewerten Sie eine geringe treibende Kraft mit »eins«, eine starke mit »fünf«. »minus eins« bezeichnet eine für das Projekt harmlose hemmende Kraft, »minus fünf« eine starke, die, falls ihre Auswirkungen nicht minimiert werden, sehr wahrscheinlich dazu führen wird, dass die gewünschten Projektziele nicht erreicht werden.

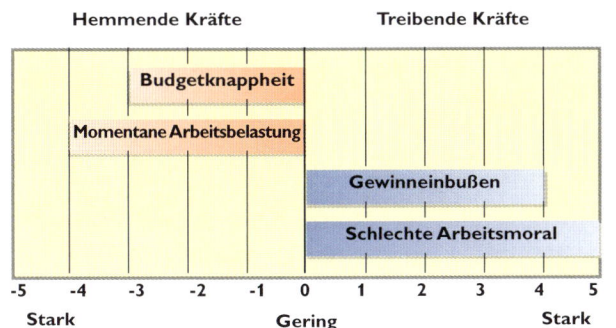

Hemmende Kräfte — **Treibende Kräfte**

- Budgetknappheit
- Momentane Arbeitsbelastung
- Gewinneinbußen
- Schlechte Arbeitsmoral

-5 **Stark** -4 -3 -2 -1 0 **Gering** 1 2 3 4 5 **Stark**

PRIORITÄT VON PROJEKTEN

Falls Sie mehrere Projekte leiten, müssen Sie beurteilen, welches für Ihr Unternehmen am wichtigsten ist, um Zeit und Ressourcen festzulegen. Befragen Sie die Entscheidungsträger, und erstellen Sie einen Gesamtplan, um Prioritäten effektiv zu vergeben.

16 Regeln Sie Ihre Projekte jetzt, um später schädliche Konflikte zu vermeiden.

17 Projekt-und Unternehmensprioritäten müssen sich decken.

PRIORITÄTEN SETZEN ▼
Hier wurden dem Projektleiter mehrere Projekte zugewiesen. Durch effektives Setzen von Prioritäten können alle Projekte erfolgreich abgeschlossen werden. Falsche Prioritäten führen zu Desorganisation, keines der Projekte wird den geplanten Nutzen erzielen.

DEN NUTZEN EINSCHÄTZEN

Bevor Sie ein neues Projekt starten, überlegen Sie, was Sie an Personal und Ressourcen benötigen, um Ihre Ziele zu erreichen. Sie möchten ja die Ressourcen des Unternehmens in Projekte mit dem größtmöglichen Nutzen einsetzen. Erörtern Sie mit Ihrem Vorgesetzten und/oder dem Initiatoren des Projekts, wie bedeutsam Ihr Projekt ist. Sie können auch mit Kunden oder anderen Teammitgliedern sprechen. Je komplexer das Projekt, desto wichtiger ist es, die Meinungen anderer einzuholen, bevor Sie Prioritäten vergeben.

Projektleiterin prüft Projekte, kann jedoch nicht entscheiden, welches das wichtigste ist.

Projektleiterin übernimmt Verantwortung für drei neue Projekte.

ZEITRAHMEN FESTLEGEN

Um früh entscheiden zu können, wie Sie mit einer Reihe von Projekten verfahren, erstellen Sie einen Gesamtplan. Sie müssen noch nicht alle Ressourcen detailliert benennen, Schätzungen genügen. Sie erkennen, wo Projekte bezüglich der Ressourcen kollidieren, was für die Durchführbarkeit eines neuen Projekts entscheidend ist. Wird z. B. für zwei Projekte gleichzeitig ein Kran benötigt, Sie verfügen jedoch nur über einen, dann müssen Sie ein Projekt abändern, damit der Kran beiden Projekten zur Verfügung steht.

Gesamtplan							
	JAN	FEB	MÄR	APR	MAI	JUN	JUL
Projekt 1							
Projekt 2							
Projekt 3							
RESSOURCEN							
Projektleiter	1	2	2	3	2	2	1
Ingenieure	2	4	4	5	4	1	0
Installateure	0	3	3	4	2	2	1
PCs	3	5	5	7	4	3	2
Tieflader	0	1	2	2	0	0	0
Schwerer Kran	0	0	1	2	0	0	0

▲ EINEN GESAMTPLAN ERSTELLEN

Pro Monat (bei komplexen Projekten pro Woche) ist eine Spalte vorgesehen. Tragen Sie alle laufenden Projekte ein, und führen Sie ganz unten die Ressourcen (Personal, Ausstattung, Material) auf, die Sie voraussichtlich benötigen.

Projektleiterin fragt ihren Vorgesetzten, welche Projekte Vorrang haben sollen.

Projektleiterin führt alle drei Projekte erfolgreich zu Ende.

Projektleiterin gerät in Rückstand, weil sie falsche Prioritäten gesetzt hat.

DAS IST ZU TUN

1. Entscheiden Sie, welche Projekte dem Unternehmen den größten Nutzen bringen.

2. Wenden Sie sich im Zweifel an Ihren Vorgesetzten oder den Initiatoren des Projekts.

3. Erstellen Sie einen Gesamtplan mit den Ressourcen für jedes Projekt.

4. Überschneiden sich die verfügbaren Ressourcen, überdenken Sie die Prioritäten.

Die Planung eines Projekts

Ein effektiver Plan skizziert Ihr Projekt von Anfang bis Ende, zeigt, was wann zu tun ist und was es kosten wird. Erstellen Sie ihn gewissenhaft, und er wird Sie zum Erfolg führen.

Die Vision definieren

Sie müssen eine klare Vorstellung haben, was mit einem Projekt erreicht werden soll, wenn es einen bestimmten Nutzen bringen soll. Formulieren Sie mit Ihren engsten Teammitgliedern und dem Geldgeber eine allgemeine Definition dieser Vision.

18 Seien Sie ehrgeizig, aber versuchen Sie nichts Unmögliches.

19 Eine genau formulierte Vision verhindert unklare Ergebnisse.

20 Überprüfen Sie, ob andere Ihre Zukunftsvision teilen.

Wünschenswerte Veränderungen

Teilen Sie jedem genau mit, was durch das Projekt erreicht werden soll, indem Sie die Ziele kurz zusammenfassen. Formulieren Sie mit Ihren engsten Teammitgliedern und dem Geldgeber eine Beschreibung der Vision. Wenn Sie Ihre Vorstellung exakt wiedergeben, muss sie die Frage beantworten: »Was werden wir verändern, und wie?« Legen Sie die Definition auch Kunden vor, die mit ihren Erwartungen an das Projekt zur Verfeinerung der Definition beitragen können. Wenn das Projekt dem Kunden Vorteile bringt, spricht dies für das Projekt.

DIE IDEALVORSTELLUNG

Überlegen Sie, was der Idealvorstellung entsprechen würde. Fordern Sie die Teammitglieder auf, zu äußern, was das Projekt im Idealfall bewirken könnte, und schreiben Sie mit. Lösen Sie sich von Sachzwängen. Sie müssen zwar realistisch bleiben, jedoch auch kreativ denken. Die gewohnte Routine sollte Sie nicht davon abhalten, Alternativen zu entwickeln. Wenn Sie Kunden an diesem Prozess beteiligen, sollten Sie nicht den Eindruck vermitteln, es gehe um die Realität, sondern vielmehr um das Ideal. Überprüfen Sie, wie realistisch das Ideal ist, um zu Ihrer Vision zu gelangen.

EINE VISION FORMULIEREN

Erkennen Sie die Notwendigkeit zum Wandel.

Treffen Sie sich mit den engsten Teammitgliedern und dem Geldgeber.

Definieren Sie, was das Projekt im Idealfall bewirken soll.

Wie realistisch ist die ideale Vision?

Definieren Sie eine realistische Vision.

TUN UND LASSEN

✔ Machen Sie beim Ideal Kompromisse, um der Vision näher zu kommen.

✔ Aus der Definition der Zielvorstellung muss ersichtlich sein, warum das Projekt nötig ist.

✔ Übersehen Sie keine Hürden, sie können sich als massive Stolpersteine erweisen.

✔ Beziehen Sie noch nicht zu viele Personen mit ein.

SICH AUF EINE VISION ▶ EINIGEN

Spornen Sie die Teammitglieder an, die Vision im Einzelnen zu kritisieren und zu prüfen. Alle müssen hinter der weiteren Vorgehensweise stehen, um sich für die Realisierung auch wirklich einzusetzen.

21 Überprüfen Sie nochmals, ob es sich wirklich lohnt, die Vision anzustreben.

ZIELE SETZEN

Steht die Vision fest, müssen Sie klare Ziele setzen, um Fortschritte und letztendlichen Erfolg des Projekts zu bewerten. Erweitern Sie die Vision, um den Zweck des Projekts zu präzisieren; halten Sie die Ziele fest, setzen Sie dann Prioritäten und Zwischenziele.

22 Alle Beteiligten müssen den Zielen zustimmen.

23 Stellen Sie sicher, dass Ihre Ziele messbar sind.

24 Überlegen Sie, welche Bedeutung ein erreichtes Ziel hat.

DEN ZWECK DEFINIEREN

Erweitern Sie die Visionsdefinition, um zu erklären, was Sie tun, wie lange es dauert und wie viel es kostet. Ihre Zweckdefinition sollte die relative Bedeutung von Zeit, Kosten und Leistung widerspiegeln. Für die Herstellung eines Produkts, das mit Neuheiten auf dem Markt konkurriert, kommt es auf Leistung an. Zeit ist entscheidend, wenn Sie ein neues System installieren müssen, um international agieren zu können. Kosten sind maßgebend, wenn Sie das letztjährige Budget keinesfalls überziehen dürfen.

ZIELE UND INDIKATOREN DEFINIEREN

Notieren Sie die einzelnen Ziele für Bereiche, die dem Wandel unterliegen. Notieren Sie nicht Tätigkeiten wie »ein Pilotprojekt durchführen«, sondern Ziele wie »beweisen, dass das Projekt die gewünschten Auswirkungen auf das Unternehmen hat«. Fortschritte müssen durch bestimmte »Indikatoren« sichtbar gemacht werden. Möchten Sie die Verkäufe eines bestimmten Getränks steigern, wählen Sie »Absatz« als messbaren Erfolgsindikator. Ist die Auswahl der Indikatoren schwierig, fragen Sie sich: »Wie können wir feststellen, ob wir dieses Ziel erreicht haben?«

▼ STANDARDS VERGLEICHEN

Ein Teammitglied soll sich über Industriestandards informieren. Diese dienen als Vergleichsgröße für Ihre Indikatoren und Ihre Wettbewerbsfähigkeit.

Teammitglied studiert Broschüren von Mitbewerbern.

PRIORITÄTEN UND ZIELSETZUNG FESTLEGEN

Nicht alle Ziele werden gleich wichtig für das Unternehmen sein. Weisen Sie jedem eine Priorität zwischen eins und zehn zu, »eins« für geringste Priorität. Es ist klar, welche Ziele signifikant sind und welche nicht, die dazwischen lassen sich schwerer beurteilen. Besprechen Sie dies mit Ihrem Team. Legen Sie dann die Zielsetzung fest. Sie kann trivial sein, z. B. Steigerung der Verkäufe um 50 %, oder auch komplexer. Möchten Sie z. B. die Zufriedenheit der Kunden steigern, ermitteln Sie die Zahl der derzeitigen Reklamationen als Indikator, und legen Sie fest, wie weit Sie diese Zahl senken möchten.

▼ SCHWERPUNKTE SETZEN

Notieren Sie Ziele, Indikatoren, Prioritäten und Leistung. So können Sie besser entscheiden, wofür der meiste Aufwand und die meisten Ressourcen anfallen.

Hauptziele, die den Erfolg des Projekts bestimmen

Priorität des Ziels

Ziel	Indikator	P	Istwert	Sollwert
Verkäufe von nicht üblichen Produkten steigern	Auftragsvolumen steigern	10	5 Millionen	7,5 Millionen
Entscheidungen schneller treffen	Auf Kundenanfragen nach Angeboten schneller reagieren	8	8 Wochen	4 Wochen
Effizienz steigern, Angebote für Kunden zu erstellen	a) Angebote schneller erstellen b) Produktschulung kürzen	6	(a) 4 Tage/Monat (b) 5 Tage/Jahr	(a) 2 Tage/Monat (b) 0 Tage/Jahr
Verantwortung für Angebote straffen	Einen einzigen verantwortlichen Leiter für die Erstellung von Angeboten bestimmen	6	nicht vorhanden	vorhanden

Maßstab für den Erfolg

Gegenwärtiges Leistungsniveau

Angestrebtes Leistungsniveau

EINSCHRÄNKUNGEN KALKULIEREN

Jedes Projekt ist mit Einschränkungen konfrontiert, z. B. was Zeit oder Geld angeht. Gelegentlich wird ein Projekt dadurch sogar undurchführbar. Die Teammitglieder müssen diese Einschränkungen von Anfang an klar sehen und bei ihrer Arbeit beachten.

26 Die meisten Einschränkungen können überwunden werden, indem man sie umgeht.

▼ WANDEL BEGRENZEN

Besprechen Sie alle beabsichtigten Veränderungen mit Ihrem Vorgesetzten, und akzeptieren Sie auch ein Nein. Es kann gute Gründe geben, Vorgehensweisen oder Gepflogenheiten beizubehalten.

BEWÄHRTES BEWAHREN

Wozu Wandel um jeden Preis, wenn man auch innerhalb der Grenzen bestehender Bedingungen arbeiten kann? Auch wenn es verbesserungsfähige Bereiche gibt, könnte es ratsam sein, den Wandel nicht sofort, sondern erst in einem späteren Projekt umzusetzen. Zu viel Wandel kann ein Projekt gefährden, weil die Beteiligten mit völlig unberechenbaren Bedingungen konfrontiert sind. Es besteht überdies die Gefahr, dass Sie nicht mehr zwischen den Veränderungen unterscheiden können, die den Erfolg oder eben das Scheitern des Projekts bewirkt haben.

ZEITVORGABEN BEURTEILEN

Die schnelllebige Businesswelt schränkt die Möglichkeiten eines Projekts oft von vornherein ein. Haben Sie es mit einem Mitbewerber zu tun, der im Herbst ein neues Produkt auf den Markt bringt, gilt diese Zeitvorgabe auch für Sie. Es genügt nicht, hart zu arbeiten und ein konkurrenzfähiges Produkt zu entwickeln. Sie müssen es so rechtzeitig einführen, dass die Kunden Ihr Produkt bestellen können. Die Zeitvorgabe besteht nun einmal, und Sie müssen sich daran halten.

27 Gehen Sie logisch mit Einschränkungen um.

28 Nehmen Sie immer den kürzesten Weg zum Erfolg.

BEGRENZUNGEN DER RESSOURCEN ÜBERPRÜFEN

Die meisten Unternehmen arbeiten mit limitierten Ressourcen und Budgets. Projekte sind daher ähnlichen Einschränkungen unterworfen. Ein neues Projekt kann extrem viele Ressourcen beanspruchen. Sie müssen also dafür sorgen, dass diese auch verfügbar sind. Hängt der Erfolg eines Projekts jedoch von einem Niveau an Ressourcen ab, das Sie unmöglich erschließen können, überdenken Sie die Situation, und ändern Sie die Projektziele. Können Sie das Projekt auch mit weniger Ressourcen realisieren, tun Sie das. Können Sie eventuell noch über mehr Zeit oder Geld verhandeln, nutzen Sie die Gelegenheit.

DAS IST ZU TUN

1. Festlegen, ob Zeit ein wichtiger Faktor ist.
2. Analysieren, welche Ressourcen Sie benötigen und ob Sie sich diese leisten können.
3. Sich auf vorhandene Prozesse/Ressourcen konzentrieren.
4. Auf äußere Einschränkungen achten, z. B. gesetzliche oder Umweltbestimmungen.
5. Möchten Sie angesichts der Einschränkungen fortfahren?

BESTEHENDES SINNVOLL NUTZEN

Orientieren Sie sich am Status quo, um Zeit zu sparen. Andere Abteilungen visieren vielleicht einen ähnlichen Wandel an, von dem Sie profitieren können, z. B. Teile eines Produkts mit entsprechendem Design oder Technologien, die weitere Innovationen überflüssig werden lassen. Es ist wichtig, diesen Punkt zu berücksichtigen und so viel wie möglich auf Bestehendes zurückzugreifen. Es zahlt sich selten aus, von Null anzufangen, mag dies noch so verlockend sein.

29 Informieren Sie alle Beteiligten über die Beschränkungen.

FALLBEISPIEL

Robert sollte eine Website für seine Abteilung erstellen. Da er selbst nicht qualifiziert genug war, holte er bei zwei auf die Erstellung und Aktualisierung von Websites spezialisierten Unternehmen Angebote ein.

Roberts Geldgeber waren jedoch beide Angebote zu hoch; er riet ihm, sich Websites anderer Abteilungen anzusehen. Ganz besonders gefiel Robert eine Website, die von Anne-Marie erstellt und aktualisiert wurde. Sie zeigte ihm, wie er die Software, die sie eigens dafür gekauft hatte, anwenden konnte.

So konnte Robert schließlich die Website für seine Abteilung erstellen und sparte nicht nur das Geld, das speziell dafür bereitgestellt worden war, sondern konnte auch die Investition von Anne-Marie hinsichtlich der Software zusätzlich nutzen.

VON INVESTITIONEN PROFITIEREN

Wenn Sie Ihren Blick auf Systeme anderer Abteilungen richten, können Sie von interner Fachkenntnis und Erfahrung profitieren und gleichzeitig Ihrem Unternehmen Geld sparen.

TÄTIGKEITSBEREICHE FESTLEGEN

Haben Sie Ziele und Einschränkungen bestimmt, können Sie detaillierter planen. Notieren Sie alle Tätigkeiten, die nötig sind, die Ziele zu erreichen, und unterteilen Sie sie in Gruppen. Das vereinfacht die Beurteilung, was wann und von wem zu erledigen ist.

30 Zu Ihrer Tätigkeitenliste sollten Sie viele Stimmen hören.

WARUM TÄTIGKEITEN NOTIEREN?

Wenn Sie die Projektarbeit in einzelne Tätigkeiten splitten, wird sichtbar, wo diese sich überschneiden und ob einige dieser Tätigkeiten Zeitvorgaben oder Ergebnisse anderer beeinträchtigen. Da die Liste sehr lang werden kann, sollten Sie die Tätigkeiten in Gruppen einteilen, sodass jeder Aufgabenbereich leichter zu handhaben ist und Leistung und Fortschritte einfacher feststellbar sind. Gruppen von Tätigkeiten fügen sich leichter in eine logische Reihenfolge ein, was sich positiv auf den Zeitplan auswirkt und Ihnen hilft, festzustellen, wie viel Personal mit welcher Qualifikation benötigt wird.

Teammitglied notiert alle Tätigkeiten auf dem Flipchart.

Teammitglied steuert seine Erfahrung mit ähnlichen Projekten zum Brainstorming bei.

31 Versuchen Sie, jede Tätigkeit in ein, zwei Sätzen zu umreißen.

EINE LISTE ERSTELLEN

Beginnen Sie mit einem Brainstorming, bei dem Sie eine Liste von Tätigkeiten erstellen. Dabei sollten Sie mehrere Personen einbeziehen. Besonders bei komplexen Projekten ist es oft hilfreich, unternehmensrelevante Gruppen zu fragen, was ihrer Meinung nach für das Projekt erforderlich ist. Sie können auch andere potenzielle Teammitglieder befragen und so von deren Sachverstand und Erfahrung profitieren. Im Idealfall ist in Ihrem Unternehmen kurz zuvor ein ähnliches Projekt durchgeführt worden. Sie können den entsprechenden Projektleiter konsultieren und seinen Projektplan als Checkliste nutzen. Mit der Reihenfolge der Tätigkeiten brauchen Sie sich erst später zu befassen.

Projektleiter in leitet das Team, wertet jedoch die Beiträge nicht.

Teammitglied macht spontane Vorschläge.

Kollege hält sich mit Kommentaren dazu zurück.

32 Überprüfen Sie Ihre Tätigkeitenliste ständig, damit Sie nichts vergessen.

TÄTIGKEITEN PLANEN

Umfassende Liste durch Brainstorming erstellen

⬇

Tätigkeiten in logischer Reihenfolge gruppieren

⬇

Überprüfen, ob nichts fehlt

⬇

Jeder Gruppe und Tätigkeit eine Identitätsnummer zuordnen

⬇

Tätigkeitenliste dokumentieren

◀ BRAINSTORMING

Führen Sie ein gemeinsames Brainstorming durch, um alle erforderlichen Tätigkeiten zu ermitteln. Notieren Sie jeden Beitrag, auch belanglose. Es geht darum, eine vollständige Liste zu erstellen, die später überarbeitet wird.

25

TÄTIGKEITEN GRUPPIEREN

Splitten Sie Ihre Tätigkeitenliste in logischer Reihenfolge in kleinere, leichter zu handhabende Gruppen auf. Sie können Ihr Team einbeziehen oder selbst entscheiden. Die meisten Gruppen werden sich logisch ergeben. Manche Tätigkeiten hängen vielleicht von einem späteren Ereignis ab oder betreffen eine bestimmte Abteilung oder Mitarbeiter mit ähnlichen Funktionen. Lässt sich eine Tätigkeit nicht eindeutig zuordnen, überlegen Sie, ob diese Tätigkeit wirklich wichtig ist, oder lassen Sie diese als separate Einheit stehen.

TÄTIGKEITEN ▶ GRUPPIEREN

Eine effektive Gruppierung sollte sich an der logischen Abfolge orientieren. Eine Tätigkeit kann vielleicht erst beginnen, wenn eine andere abgeschlossen ist. Der Auszug rechts zeigt, wie ein neues Produkt dem Produktionsprozess zugeführt wird.

33 Präsentieren Sie eine überschaubare und verständliche Tätigkeitenliste.

TÄTIGKEITEN UND GRUPPEN
1   Analyse durchführen
   1.1   Gespräch mit Kundenvertretern
   1.2   Ergebnisse in einem Bericht dokumentieren
   1.3   Bericht der Unternehmensleitung präsentieren
2   Produktprofil abstimmen
   2.1   Gespräche mit den einzelnen Abteilungen
   2.2   Genehmigung des Budgets
3   Design vervollständigen
   3.1   Ersten Entwurf dem Kundenvertreter präsentieren
   3.2   Änderungen, die den Anmerkungen des Kunden gerecht werden
   3.3   Genehmigung des Designs von höchster Ebene
4   Logistik
   4.1   Material bestellen
   4.2   Personal schulen
   4.3   Subunternehmer verpflichten

34 Fragen Sie Fachleute zur Gruppierung der Tätigkeiten.

35 Legen Sie die Liste weg, und überprüfen Sie sie nach einer Woche mit anderen Augen.

TYPISCHE GRUPPEN BILDEN

Jedes Projekt hat eine Vorbereitungsphase, das heißt eine Gruppe einführender Tätigkeiten. Teammitglieder werden eingewiesen, es wird dokumentiert, wer welche Aufgaben übernom-men hat. So sollte es auch eine Gruppe von Tätigkeiten der Endabwicklungsphase geben, in der Leistungsindikatoren abschließend überprüft und Abschlussberichte erstellt werden, die zukünftigen Projektleitern zugute kommen sollen. Die meisten Projekte erfordern zudem kommunikative Tätigkeiten, z. B. das Erstellen wöchentlicher Entwicklungsberichte oder Präsentationen kurz bevor ein geplantes Pilotprogramm startet.

LÜCKEN AUSFINDIG MACHEN

Überprüfen Sie Ihre Liste der gruppierten Tätigkeiten auf Vollständigkeit. Wenn Sie dies nicht tun und später feststellen, dass Sie etwas übersehen haben, kann das ernste Auswirkungen auf das Budget, den Zeitplan oder andere Ressourcen haben. Sind wirklich alle Gruppen vollständig? Gehen Sie die Tätigkeiten einzeln durch. Haben Sie auch nichts vergessen? Könnte es Zwischenschritte geben, die Sie nicht berücksichtigt haben? Erst wenn Sie von der Vollständigkeit der Liste überzeugt sind, sollten Sie jeder Gruppe und Tätigkeit eine Identitätsnummer zuordnen.

WICHTIGE FRAGEN

F Haben wir nach Abschluss aller Tätigkeiten alles Erforderliche getan, die Ziele zu erreichen?

F Sind mit diesen Tätigkeiten die Leistungsindikatoren zu realisieren?

F Entspricht die Liste den Prioritäten, die wir für jedes Ziel gesetzt haben?

F Haben wir alle Tätigkeiten ausreichend präzisiert?

F Sind alle aufgeführten Tätigkeiten wirklich notwendig?

EIN PILOTPROJEKT PLANEN

Insbesondere wenn etwas Neues produziert wird, befasst sich eine weitere Gruppe von Tätigkeiten mit der Implementierung eines Pilotprojekts. Charakteristisch ist hierbei die Auswahl einer begrenzten Anzahl von Mitgliedern als Pilotteam, die das Pilotprojekt exemplarisch durchführen und Ihre Erfahrung dokumentieren. Wenn Sie eine Pilotphase in Ihren Plan integrieren, werden Sie bei der Durchführung des Projekts weit weniger Stress und Fehler zu befürchten haben. Wählen Sie die Mitglieder des

Pilotprogramms sorgfältig aus, und machen Sie ihnen klar, dass Sie hierbei quasi Versuchskaninchen sind. Bedanken Sie sich nach Abschluss des Projekts unbedingt bei ihnen, da ihre Bereitschaft, so früh am Projekt teilzunehmen, sicher nicht als selbstverständlich gelten kann.

PROBELAUF ➤
Beim Test auch solch komplexer neuer Verfahren wie der vollautomatischen Fertigung können Probleme bereits gelöst werden, bevor ein neues System.weiter eingeführt wird.

Ressourcen erschliessen

Vor der Implementierung eines Projekts müssen Sie sich mit den erforderlichen Ressourcen und dem Budget befassen. Die Durchführbarkeit hängt davon ab, ob es Ihnen und Ihrem Team gelingt, den Aufwand im Vergleich zum Nutzen vorteilhaft darzustellen.

36 Überschlagen Sie Kosten sorgfältig – sind sie genehmigt, bleiben Sie daran gebunden.

PERSONALBEDARF ÜBERSCHLAGEN

Kalkulieren Sie die Anzahl von Mitarbeitern für die jeweiligen Tätigkeiten in Arbeitstagen pro Mitarbeiter. Ein Teammitglied arbeitet vielleicht nur zehn Tage für das Projekt; sind es jedoch nur dreißig Minuten pro Tag, beträgt die gesamte Arbeitsleistung lediglich fünf Stunden. Kann das Teammitglied daneben noch für andere Projekte eingesetzt werden, belaufen sich die Kosten für Sie nur auf einen Bruchteil des 10-tägigen Arbeitsentgelts. Ist es dagegen anderweitig nicht einsetzbar, müssen Sie die vollen Kosten tragen.

37 Wählen Sie bei Gütern, Einrichtungen und Ausstattung das Beste, das Sie sich leisten können.

WESENTLICHE RESSOURCEN

PERSONAL

Wie viel Personal benötigen Sie?
→ *Überlegen Sie, wer was übernimmt.*

Welche Qualifikation ist erforderlich?
→ *Klären Sie die erforderlichen Fachkenntnisse.*

ANDERE RESSOURCEN

Sind Einrichtungen, Material oder Güter maßgeblich?
→ *Welche sind für die jeweilige Tätigkeit erforderlich?*

Benötigen Sie Informationen oder Technologien?
→ *Überprüfen Sie bereits bestehende Systeme.*

GELD

Wie hoch sind die Projekt-Gesamtkosten?
→ *Berücksichtigen Sie die Kosten aller Ressourcen.*

Werden ausreichende Mittel bereitgestellt?
→ *Überprüfen Sie das genehmigte Budget.*

WEITERE RESSOURCEN KLÄREN

Obwohl die meisten Kosten für Personal aufgewendet werden müssen, gibt es weitere Ressourcen, die sich auf das Budget auswirken. Sie müssen z. B. Marktforschung betreiben. Auch für Einrichtungen, Ausstattung und Material entstehen Ausgaben. Falls Sie hier falsch kalkulieren, werden Sie an Glaubwürdigkeit verlieren, wenn andere die Kosten überprüfen, um sie gegen den Nutzen abzuwägen. Eine umfassende Schätzung der Kosten verringert das Risiko, weitere Mittel bewilligen lassen zu müssen, wenn das Projekt bereits läuft.

WICHTIGE FRAGEN

F Soll ich mich, um Kosten und Ressourcen präziser zu ermitteln, an jemanden mit entsprechender Fachkenntnis wenden?

F Gibt es einen Weg, Kosten für bestimmte Ressourcen zu umgehen und dennoch die Ziele zu erreichen?

F Ist meine Kostenkalkulation eher realistisch oder eher optimistisch?

38 Stellen Sie sicher, dass das Budget für alle Tätigkeiten ausreicht.

DETAILLIERTE EINSCHÄTZUNG

Es reicht nicht, zu wissen, dass Ihr Team einen Monat lang einen Schulungsraum benötigt, Sie müssen auch wissen, wie groß dieser Raum sein muss und wie er ausgestattet sein soll. Je detaillierter Ihre Planung, umso weniger Probleme werden während der Implementierung auftreten. Dadurch kann Ihr Team sich darauf konzentrieren, seine Ziele zu erreichen, anstatt Planungsdefizite auszugleichen.

KOSTENBERECHNUNGSVERFAHREN WÄHLEN

Es gibt zwei Möglichkeiten, Ressourcen zu berechnen: die absolute und die Grenzplankostenrechnung. Die absolute Kostenrechnung berechnet die exakten Kosten der Ressource. Benötigen Sie z. B. einen neuen PC, gilt der Betrag, den Sie dafür ausgeben, als Projektkosten. Können Sie einen bereits vorhandenen PC nutzen, fällt nur ein Teil der Kosten für das Projekt an. Die Grenzplankostenrechnung schlägt dem Projekt nur diejenigen Kosten zu, die nicht entstanden wären, gäbe es das Projekt nicht. Wird also ein bereits vorhandener, nicht genutzter PC benötigt, sind die Grenz- bzw. Extrakosten gleich null. Sie gehen nicht ins Budget mit ein. In der Praxis hat sich die Grenzplankostenrechnung als einfacheres und im Allgemeinen präziseres Instrument erwiesen, Projektkosten für ein Unternehmen zu berechnen.

KOMPROMISSE MACHEN

Im Idealfall genehmigt man Ihnen alle nötigen Ressourcen. In Wirklichkeit jedoch werden Sie sich wohl mit weniger begnügen müssen. Jemand, den Sie gern für eine bestimmte Aufgabe hätten, ist nicht verfügbar, oder die für das Projekt besten Räumlichkeiten sind nicht frei, sodass Sie Kompromisse machen müssen. Gehen Sie nur Kompromisse ein, die die Ziele des Projekts insgesamt nicht gefährden. Sie können z. B. eine hochqualifizierte Teilzeitkraft verpflichten und für die restliche Zeit ein weniger qualifiziertes, aber fähiges Teammitglied einsetzen.

39 Beschränken Sie keine Tools, die Ihr Team notwendig braucht.

40 Sind Ressourcen knapp, suchen Sie nach Alternativen.

 41 Optimieren Sie den Ressourcenplan, bis alle damit arbeiten können.

VERPFLICHTUNGS- ❦ ERKLÄRUNG ERSTELLEN

Wenn alle Ressourcen und geschätzten Kosten klar sind, halten Sie sie in einer Verpflichtungserklärung fest, und holen Sie sich grünes Licht.

RESSOURCEN DOKUMENTIEREN

Um genau dann über die erforderlichen Ressourcen zu verfügen, wenn Sie sie benötigen, können Sie ein Papier erstellen, dem alle unternehmensrelevanten Gruppen zustimmen, eine Verpflichtungserklärung, die dazu dient, alle an ihre Pflichten zu erinnern. Prüfen Sie die Erklärung auf Vollständigkeit und darauf, dass jede Gruppe von Tätigkeiten verständlich ist, um sicher zu sein, alle notwendigen Ressourcen ermittelt zu haben.

Tätigkeit mit Identitätsnummer

Teammitglieder, die für diese Tätigkeit bestimmt wurden

Für Durchführung der Tätigkeit erforderliche Ressourcen

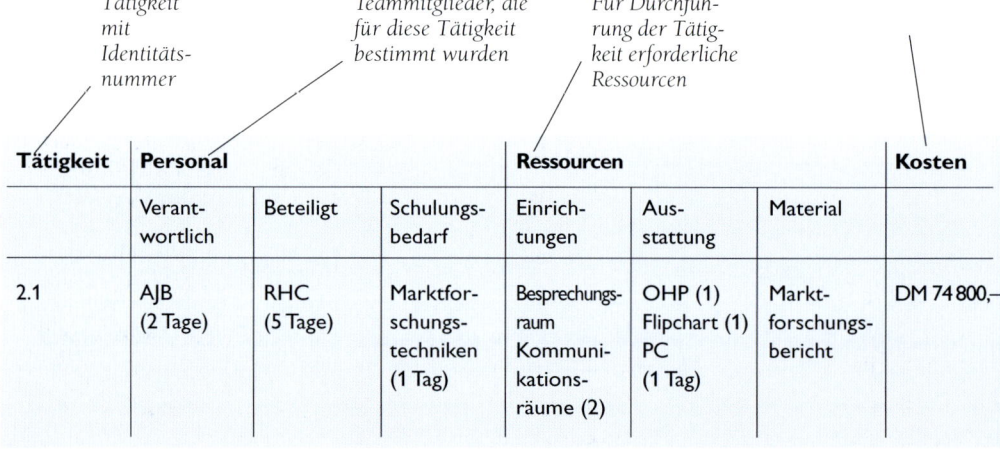

Tätigkeit	Personal			Ressourcen				Kosten
	Verant-wortlich	Beteiligt	Schulungsbedarf	Einrichtungen	Ausstattung	Material		
2.1	AJB (2 Tage)	RHC (5 Tage)	Marktforschungstechniken (1 Tag)	Besprechungsraum Kommunikationsräume (2)	OHP (1) Flipchart (1) PC (1 Tag)	Marktforschungsbericht		DM 74 800,–

EXTERNE RESSOURCEN NUTZEN

Viele Ressourcen entstammen Ihrem Team oder Unternehmen, andere wiederum sind extern zu beschaffen. Lassen Sie sich von potenziellen Zulieferern wettbewerbsfähige Angebote machen, und handeln Sie Kosten und Leistung so aus, dass Fortschritte von beiden Seiten strikt kontrollierbar sind. Frischen Sie Ihr Verhandlungsgeschick auf, um einen guten Abschluss zu machen. Es mag unnötig erscheinen, gleich Details anzusprechen, aber je klarer der Vertrag, desto weniger Probleme treten auf.

KONTAKTE KNÜPFEN ❧
Treffen Sie sich mit mehreren potenziellen Zulieferern, und halten Sie Einzelheiten fest. Auch wenn Sie keinen Auftrag vergeben, können die Kontakte zukünftigen Projekten zu Gute kommen.

GRÜNES LICHT ERHALTEN

Bevor Sie das offizielle Okay für ein neues Projekt bekommen, muss feststehen, dass das Projekt immer noch hohe Priorität hat und der Nutzen für das Unternehmen die Kosten bei weitem übersteigt. Diese Rentabilitätsrechnung bzw. Kosten-Nutzen-Analyse ist weit verbreitet und wird in vielen Unternehmen sogar ganz formell durchgeführt. Entsprechen die Kosten dem Nutzen oder übersteigen ihn, hat der Geldgeber drei Möglichkeiten: Er macht trotzdem weiter (was selten erstrebenswert ist, es sei denn, der strategische Nutzen ist für das Unternehmen langfristig interessant), er modifiziert die Ziele und Tätigkeiten Kosten sparend, oder er stoppt das Projekt, da es undurchführbar ist.

NICHT VERGESSEN

❋ Gibt es in Ihrem Unternehmen ein offizielles Verfahren, Projekte zu genehmigen, folgen Sie diesem.

❋ Die Finanzabteilung kann wertvolles Feedback liefern, indem sie Ihre Projektkosten mit anderen Projekten vergleicht.

❋ Den Nutzen eines Projekts niemals übertreiben, denn Sie müssen halten, was Sie versprochen haben.

42 Entscheidungen, Vereinbarungen und Budgets sind jederzeit zu rechtfertigen.

TÄTIGKEITSBEREICHE ZUWEISEN

Nicht alle Tätigkeiten können bzw. sollen gleichzeitig beginnen, um den Endtermin des Projekts einzuhalten. Ordnen Sie die Tätigkeiten in logischer Reihenfolge, schätzen Sie die jeweilige Dauer, und dokumentieren Sie diese, um dann den Zeitplan zu erstellen.

43 Tätigkeiten können auch parallel durchgeführt werden.

44 Bitten Sie die zuständigen Personen um geschätzte Anfangs- und Enddaten.

ORDNUNGSPRINZIP

Ist die Liste mit den für das Projekt erforderlichen Tätigkeiten erstellt, prüfen Sie, wie diese zusammenhängen. Entscheiden Sie, mit welchen sofort oder rasch begonnen wird, welche abgeschlossen sein müssen, bevor andere starten, und arbeiten Sie sich so systematisch bis zum Enddatum vor. Manche Tätigkeiten vervollständigen andere. Das Team muss z. B. einige Tätigkeiten erledigen, bevor es eine Präsentation für Teilnehmer eines Pilotprogramms durchführen kann. Nachbesprechungen sind diesbezüglich wichtige Tätigkeiten.

DAUER DER AKTIVITÄTEN EINSCHÄTZEN

Ein effektiver Zeitplan erfordert zumindest Angaben zur wahrscheinlichen Dauer jeder Tätigkeit. Diese Zeiträume müssen präzise geschätzt werden. Grobe Schätzungen können das Projekt zum Scheitern bringen. Teammitglieder sollten an den Schätzungen beteiligt werden und äußern dürfen, ob sie diese Vorgaben einhalten können. Ist die Dauer einer Tätigkeit völlig offen, planen Sie den günstigsten und den schlimmsten Fall und bilden den Mittelwert. Herrscht Zeitdruck, können Sie so am Besten entscheiden, wo der Zeitplan insgesamt zu straffen ist.

WICHTIGE FRAGEN

F Kann ich mir für die Schätzung den Probelauf einer Tätigkeit zeitlich erlauben?

F Könnte ich die Dauer einer Tätigkeit mithilfe des Rats eines Experten präziser abschätzen?

F Habe ich frühere Projektpläne mit ähnlichen Tätigkeiten zum Vergleich herangezogen?

F Kann ich andere Projektleiter um Rat fragen?

F Sind meine Einschätzungen auch wirklich realistisch?

45 Lassen Sie sich bei Ihrem ersten Netzdiagramm beraten.

LEGENDE

➡ *Kritischer Weg*
(minimale Dauer 19 Tage)

➡ *Nicht kritischer Weg*
(minimale Dauer 6 Tage)

⬭ *Tätigkeiten, die gleichzeitig durchgeführt werden können*

⬭ *Tätigkeit, die erst beginnen kann, wenn vorherige beendet ist*

ARBEIT MIT EINEM NETZDIAGRAMM

Ein Netzdiagramm zeigt die Beziehung zwischen Tätigkeiten untereinander und denen, die vom Abschluss anderer abhängen. Das Diagramm kann, je nachdem, wie viele Tätigkeiten es beinhaltet und wie diese zusammenhängen, einfach oder komplex sein. Wenn es mehrere Wege durch das Netzwerk gibt, können Aufgaben auch parallel ausgeführt werden. Legen Sie die Dauer jeder Aufgabe fest, und addieren Sie die Gesamtdauer für jeden Weg, um den längsten Weg zu ermitteln. Der längste Weg wird auch kritischer Weg genannt, er gibt die kürzeste Projektlaufzeit an.

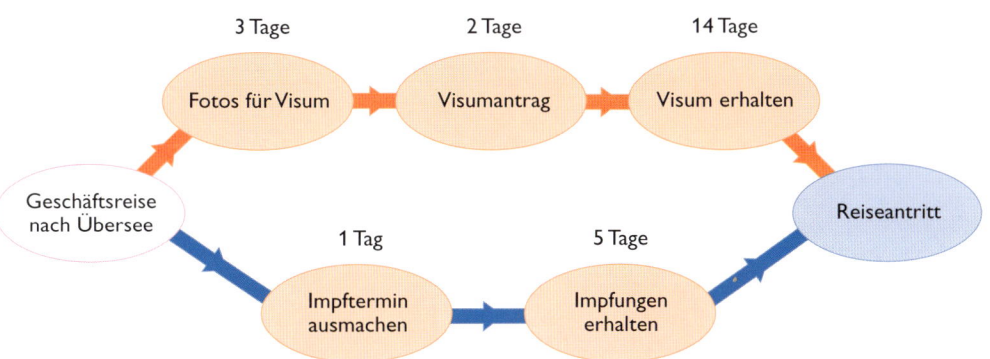

PUFFERZEITEN SUCHEN

Sie können das Netzdiagramm auch zur Verkürzung des Zeitplans nutzen. Überprüfen Sie, wo Sie bezüglich der Aufgaben des kritischen Weges Zeit gewinnen können, indem Sie z. B. die für die jeweilige Aufgabe verfügbaren Ressourcen erhöhen. Suchen Sie auch andere Wege im Diagramm auf eventuelle Pufferzeiten ab. Dies ermöglicht Ihnen, Ressourcen neu zuzuteilen, um Teammitglieder zu entlasten, die für Tätigkeiten des kritischen Weges zuständig sind.

⚠ NETZDIAGRAMM
Das obige Netz enthält Tätigkeiten, die vor einer Geschäftsreise erledigt werden müssen. Fortschritte auf dem kritischen Weg sind strikt zu überwachen, da Verzögerungen das Enddatum des Projekts beeinträchtigen.

46 Dem kritischen Weg folgen heißt planmäßig agieren.

TERMINABSPRACHEN TREFFEN

Haben Sie den Ablauf der Tätigkeiten bestimmt und die minimale Projektlaufzeit ermittelt, können Sie verbindliche Termine setzen. Überlegen Sie sorgfältig, kalkulieren Sie potenzielle Probleme mit ein, und stimmen Sie diese dann mit dem Team ab.

47 Nicht kritische Aufgaben schnellstens erledigen, um Ressourcen freizusetzen.

48 Vergessen Sie nicht, Ihr Balkendiagramm stets zu aktualisieren.

**ARBEIT MIT BALKEN-
DIAGRAMMEN ▽**
*Im Balkendiagramm sehen Sie links die
Tätigkeiten und oben die Projektdauer in
Wochen. Die Balken zeigen Beginn
und Ende jeder Aufgabe.*

TERMINE KALKULIEREN

Bestimmen Sie anhand des Netzdiagramms Anfangs- und Endpunkt jeder Tätigkeit. Beginnen Sie mit der ersten, und fahren Sie entsprechend fort, wobei Sie jede Tätigkeit so früh wie möglich ansetzen, um möglichst viel Zeit zu gewinnen. Tätigkeiten außerhalb des kritischen Weges sind flexibler, da sie nicht notwendigerweise die Projektlaufzeit insgesamt beeinflussen. Ordnen Sie die Tätigkeiten der Zeitachse in einem Balkendiagramm zu. Solche Diagramme sind für die Planung immer nützlich, da sie individuelle Zeiträume und Fortschritte gegenüber dem ursprünglichen Zeitplan verdeutlichen.

*Die Zeitleiste
gibt die
Projekt-
dauer an.*

*Jede Tätigkeit
ist einzeln
aufgeführt.*

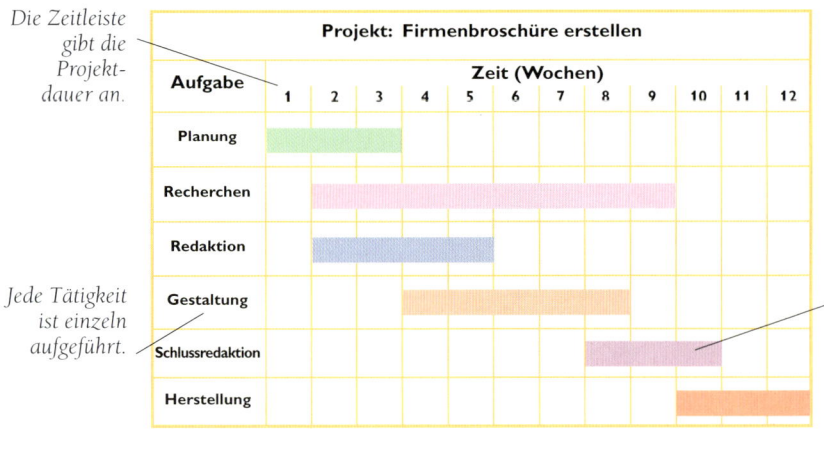

*Der Balken
gibt die Dauer
der Tätigkeit
von Anfang
bis Ende an.*

ÜBERSCHNEIDUNGEN SUCHEN

Um zu prüfen, ob die geplanten Termine realistisch sind, nehmen Sie Balkendiagramm, Verpflichtungserklärung und Gesamtplan zur Hand. Auf dem Balkendiagramm sehen Sie sofort, wo sich Tätigkeiten überschneiden. Im Falle von Überschneidungen zeigt die Verpflichtungserklärung, ob mehrere Tätigkeiten gleichzeitig dieselbe Ressource beanspruchen. Dann müssen Sie Anfangs- und Endpunkt mindestens einer der Tätigkeiten ändern. Der Gesamtplan schließlich gibt Aufschluss, ob sich die Ressourcen eines oder mehrerer Projekte überschneiden.

49 Halten Sie die Teammitglieder zu realistischer Terminplanung an.

VERFÜGBARKEIT SICHERN

Stimmen Sie die Termine mit Ihren engsten Mitarbeitern ab, damit sie verfügbar sind, wenn Sie sie benötigen. Sie müssen vielleicht auch mit deren Abteilungsleitern sprechen, falls diese Mitarbeiter anderweitig verpflichtet sind. Denken Sie bei langfristigen Projekten daran, dass Teammitglieder nicht jeden Tag verfügbar sind, selbst wenn sie theoretisch auf Vollzeitbasis am Projekt mitarbeiten. Ihre Verfügbarkeit entspricht oft etwa zwei Dritteln des Kalenderjahres bzw. 240 Tagen. Halten Sie sich an diese Vorgabe, und prüfen Sie, ob Sie Zeiten für Urlaub, Krankheit und Schulung berücksichtigt haben.

◀ URLAUBSPLANUNG
Bitten Sie die Teammitglieder, ihren Urlaub baldmöglichst einzutragen, um Zeitplanänderungen in letzter Minute zu vermeiden. Tragen Sie die Urlaubstage auf einem Wandkalender ein.

PLAN VERBINDLICH BESTÄTIGEN

Wie gut Ihr Plan auch sein mag, das Unerwartete lauert überall, und Umstände können sich ändern. Sie müssen eng mit Ihrem Team und den unternehmensrelevanten Gruppen zusammenarbeiten, um potenziellen Schwierigkeiten zuvorzukommen.

50 Stimmen Sie den endgültigen Plan unbedingt mit Ihren Kunden ab.

51 Nutzen Sie die Erfahrung anderer Projektleiter, um Probleme zu erkennen.

PROBLEME ▼ VORWEGNEHMEN

Befragen Sie Vertreter unternehmensrelevanter Gruppen, vor allem Kunden und Personen mit entsprechender Erfahrung, was ihrer Ansicht nach schief gehen könnte.

PROBLEME ERKENNEN

Liegt der Zeitplan für alle wichtigen Tätigkeiten vor, ermitteln Sie durch Brainstorming potenzielle Probleme und ihre Auswirkungen auf den Plan. Personen außerhalb des Teams können hierbei sehr hilfreich sein. Teammitglieder werden dadurch angespornt, den Plan gegen konstruktive Kritik zu verteidigen, und so können sie Hindernissen noch entschiedener entgegentreten. Gehen Sie die Probleme einzeln durch, und konzentrieren Sie sich vor allem auf diejenigen, die Tätigkeiten des kritischen Wegs gefährden könnten.

Kunde spricht potenzielles Problem an.

Geldgeberin wägt Auswirkungen ab.

Projektleiterin bietet mögliche Problemlösung.

Teammitglied notiert Probleme und Abwehrstrategien.

PROBLEMEN ZUVORKOMMEN

Jetzt muss das Team gezielt verhindern, dass die befürchteten Probleme auftreten. Die Frage ist: »Wie können wir die Wahrscheinlichkeit verringern, dass ein potenzielles Problem auftritt?« Hängt der Plan etwa vom Wetter ab, ändern Sie das Timing. Sind unentbehrliche Materialien knapp oder droht ein Arbeitskampf in Ihrem eigenen Unternehmen oder dem eines Zulieferers, müssen Sie rechtzeitig Vorschläge parat haben, dem Problem zu begegnen.

52 Wenn Sie befürchten, dass jemand durch Beförderung ausscheidet, dann schulen Sie einen Nachfolger.

53 Sichern Sie Ressourcen durch abgestimmte Eventualpläne.

54 Präsentieren Sie Ihre Rückstellungen bei einer Nachbesprechung.

EVENTUALPLANUNG

Man kann nicht alle negativen Eventualitäten ausschließen. Besprechen Sie mit dem Team, was bei bestimmten Problemen zu tun ist und wie die Auswirkungen begrenzt werden können. Ist z. B. neue Software erforderlich, überlegen Sie, wie Sie im Falle verspäteter Lieferung reagieren würden. Kommt es dazu, und Sie benötigen Ersatz, wird dies die Projektkosten erhöhen. Teilen Sie dies denjenigen mit, die das Budget kontrollieren. Vielleicht müssen Sie Ihre Kosten-Nutzen-Analyse überdenken.

PLAN VERVOLLSTÄNDIGEN

Sie kennen nun die potenziellen Probleme und entsprechenden Abwehrstrategien. Ihr Eventualplan steht. Jetzt können Sie den Plan mit letzten Änderungen versehen. Das Team hat eine Richtlinie bzw. einen Einstieg. Es kennt die Situation und weiß, was die Implementierung des Plans bewirkt. Achten Sie jedoch darauf, dass das Team auch weiß, dass Planung und Implementierung nie reibungslos ineinander übergehen. Sehr wahrscheinlich müssen Teile des Plans noch umgestaltet werden, wenn Tätigkeiten realisiert werden und sich die Lage verändert.

NICHT VERGESSEN

❀ Je mehr unternehmensrelevante Gruppen den Plan bestätigen, umso wahrscheinlicher wird er implementiert.

❀ Gilt es als ziemlich sicher, dass der Eventualplan zum Tragen kommt, ersetzt er den ursprünglichen Plan.

❀ Die Zeit für die Bestätigung des Plans und für vorzeitige Problembewältigung lohnt sich fast immer.

❀ Der gesamte Plan sollte vor der Implementierung nochmals vom Projektleiter geprüft werden.

IMPLEMENTIERUNG EINES PLANS

Der Erfolg eines Plans hängt von denen ab, die ihn ausführen.
Eignen Sie sich Führungsqualitäten an, um ein starkes, engagiertes
Team zu bilden und es zum gewünschten Ziel zu führen.

DIE EIGENE ROLLE DEFINIEREN

Will man einen Plan erfolgreich implementieren, muss man von Anfang an wissen, worum es geht. Machen Sie sich mit den entsprechenden Hauptaufgaben, Verantwortlichkeiten und Fähigkeiten vertraut, und Sie werden Ihre Führungsaufgabe meistern.

55 Verinnerlichen Sie den Projektplan, und geben Sie kompetente Antworten.

56 Behalten Sie die Prioritäten im Auge, besonders wenn das Projektziel gewinnorientiert ist.

VERANTWORTLICHKEITEN KLÄREN

Als Projektleiter sind Sie für den Erfolg des Projekts insgesamt verantwortlich. Sie haben den Plan durchgesetzt und müssen ihn nun in die Tat umsetzen. Dazu müssen Sie die richtigen Teammitglieder auswählen, sie motivieren, die Projektziele zu erreichen, und sowohl ihre individuellen als auch ihre Teamqualitäten fördern. Sie müssen ein gutes Verhältnis zu unternehmensrelevanten Gruppen aufbauen, Teambesprechungen konstruktiv leiten sowie jeden Schritt organisieren, koordinieren und alle Beteiligten präzise informieren.

DIE FÜHRUNG ÜBERNEHMEN

Erfolgreiche Projektleiter verschaffen sich Autorität und Respekt, setzen Pläne in die Tat um und vermögen andere zu motivieren und zu inspirieren. Sie passen ihren Führungsstil der jeweiligen Situation an. Diese Fähigkeiten kann man sich durch Schulung und Erfahrung aneignen: Übernehmen Sie z. B. zur Übung ein Amt im örtlichen Sportverein. Führungsqualitäten erwirbt man insbesondere, wenn man die Verantwortung für Aufgaben übernimmt. Sie sollten zunächst mit einer Gruppe von Tätigkeiten beginnen, bevor Sie ein ganzes Projekt übernehmen.

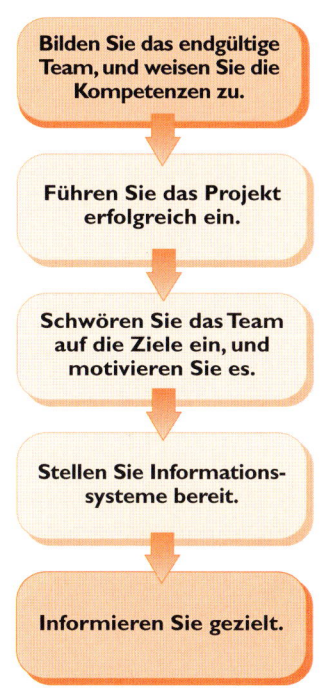

EIGENE ROLLE DEFINIEREN

Bilden Sie das endgültige Team, und weisen Sie die Kompetenzen zu.

Führen Sie das Projekt erfolgreich ein.

Schwören Sie das Team auf die Ziele ein, und motivieren Sie es.

Stellen Sie Informationssysteme bereit.

Informieren Sie gezielt.

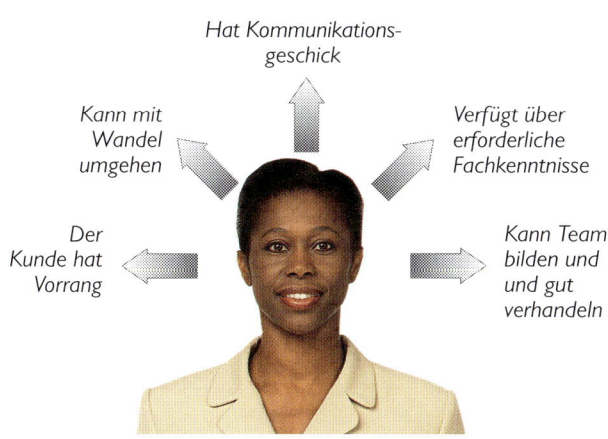

Hat Kommunikations-
geschick

Kann mit
Wandel
umgehen

Verfügt über
erforderliche
Fachkenntnisse

Der
Kunde hat
Vorrang

Kann Team
bilden und
und gut
verhandeln

◀ FÄHIGKEITEN BEURTEILEN

Als erfolgreiche Führungskraft müssen Sie bestimmte Eigenschaften erwerben. Hier sind einige der wichtigsten aufgeführt.

WICHTIGE FRAGEN

F Möchten Sie das Projekt vollständig durchführen?

F Sind Sie bereit, Mitarbeiter und deren Führungsqualitäten zu fördern?

F Interessiert Sie die Arbeit an diesem Projekt wirklich?

F Können Sie sowohl Aufgaben als auch Ziele delegieren?

SELBSTEINSCHÄTZUNG

Wenn Sie an Ihren Führungsqualitäten zweifeln, fragen Sie jemanden, den Sie respektieren, nach einer objektiven Einschätzung – z. B. Kollegen, mit denen Sie früher zusammengearbeitet haben. Würden diese sofort wieder mit Ihnen arbeiten wollen, ist dies ein gutes Zeichen. Haben Sie genügend Fakten beisammen, können Sie ein Bild davon entwerfen, wo Sie sich in Zukunft gerne sehen würden, und einen Plan erstellen, wie sie die dafür erforderliche Qualifikation erwerben.

Das Team zusammenstellen

Nachdem das Projekt in einem Kernteam geplant worden ist, müssen Sie Personen mit der richtigen Kombination aus Fähigkeiten und Persönlichkeit bestimmen, um das Projekt durchzuführen. Wählen Sie für alle wichtigen Funktionen sorgfältig aus.

57 Beurteilen Sie Menschen nicht im Voraus, sondern nach ihrem Tun.

Wichtige Fragen

F Wie gut kenne ich die potenziellen Teammitglieder, und kann ich ihnen jeweils vertrauen?

F Wird die Zusammenarbeit reibungslos ablaufen?

F Kann ich davon ausgehen, dass das ganze Team gut miteinander auskommt?

F Verfügen die Teammitglieder bereits über alle erforderlichen Fähigkeiten, oder ist Schulung erforderlich?

Verfügbarkeit ermitteln

Nehmen Sie nochmals die Verpflichtungserklärung zur Hand, um zu prüfen, welche Personen und Fähigkeiten für das Projekt erforderlich sind. Sie sehen, wer wann wie lange benötigt wird. Erstellen Sie eine Liste mit geeigneten Kandidaten für jeden Bereich, und prüfen Sie, ob sie verfügbar sind. Sie werden mit den jeweiligen Abteilungsleitern sprechen müssen, wenn Sie Mitarbeiter aus anderen Bereichen des Unternehmens verpflichten möchten. Zudem sollten Sie auch mit den Personen sprechen, die die Ressourcen für alle Projekte koordinieren.

Die richtigen Personen auswählen

Unabhängig von der erforderlichen Qualifikation sollten Sie Personen wählen, die freiwillig am Projekt mitarbeiten möchten. Es ist viel einfacher, mit motivierten Menschen zu arbeiten. Ein Vorabgespräch mit den potenziellen Kandidaten über deren Einstellung zum Projekt lohnt sich. Behalten Sie dabei das Team als Ganzes im Auge. Passen alle Kandidaten zusammen? Gibt es Konflikte? Es gehört zwar zu Ihren Führungsaufgaben, den Teamgeist zu fördern, ein Minimum an Sympathie sollte jedoch von Anfang an vorhanden sein.

58 Fragen Sie die Kandidaten offen, ob sie sich mit dem Projekt iden-

59 Bilden Sie ein Team, das die Fähigkeiten jedes Einzelnen nicht zu Lasten von dessen Schwächen ausnutzt.

ROLLEN BERÜCKSICHTIGEN

In jedem Team muss jeder eine Teamrolle und eine funktionale Rolle übernehmen. Um effektiv arbeiten zu können, werden Sie als Teamleiter daher einen Koordinator, Kritiker, Ideengeber, jemanden für die Implementierung, die externe Kommunikation, Kontrolle und Integration des Teams benötigen. Jeder kann eine oder mehrere dieser Rollen übernehmen. Alle müssen besetzt sein, und wenn nicht, müssen Sie sie selbst erfüllen. Stellen Sie z. B. fest, dass niemand sich um verbesserte Standards, Qualität und Arbeitsmethoden bemüht, fehlt Ihnen eine kritische Stimme. Fordern Sie das Team in dieser Hinsicht, bis Sie feststellen, dass jemand anderer diese Rolle übernehmen kann. Sprechen Sie ganz offen über die Funktionen, fördern Sie Dialogbereitschaft, und Sie werden damit eine der wichtigsten Teamqualitäten, nämlich Teamgeist, stärken. Denken Sie immer daran, dass die Projektziele nur gemeinsam erreicht werden können.

TUN UND LASSEN

☑ Lassen Sie dem Team Zeit, sich an die Rollen zu gewöhnen.

☑ Haben Sie nur wenige Teammitglieder, besetzen Sie Funktionen mehrfach.

☑ Auch unternehmensrelevante Gruppen können Funktionen übernehmen.

☒ Zwingen Sie niemandem eine bestimmte Funktion auf.

☒ Akzeptieren Sie, wenn sich jemand in seiner Funktion unwohl fühlt.

☒ Übernehmen Sie keine Funktion, die Sie sich nicht zutrauen.

WICHTIGE FUNKTIONEN

KOORDINATOR
Koordiniert die Teamarbeit insgesamt

KRITIKER
Überwacht und analysiert Effizienz des Teams

IDEENGEBER
Fördert Innovationskraft des Teams

IMPLEMENTIERER
Sorgt für reibungslosen Ablauf der Aktivitäten

EXTERNE KOMMUNIKATION
Tätigt externe Kontakte des Teams

KONTROLLE
Hält die anspruchsvollen Standards aufrecht

INTEGRATIVE FUNKTION
Fördert den Teamgeist

60 Fördern Sie Kritik, es müssen jedoch auch Alternativen aufgezeigt werden.

OPTIMISTISCHE GRUNDHALTUNG

Steht das optimale Team, gehen Sie das neue Projekt auf jeden Fall optimistisch an. Schaffen Sie die Grundlage für Teamwork durch ein informelles Treffen, und legen Sie das Projekt formal dar, um seinen Zweck zu verdeutlichen.

61 Das ranghöchste Teammitglied sollte bei der Einführung anwesend sein.

62 Beachten Sie die Meinung neuer Mitglieder, und ändern Sie Tätigkeiten, wenn nötig.

DEN GELDGEBER ▼ MIT EINBEZIEHEN

Die erste Teambesprechung bietet dem Geldgeber das entscheidende Forum. Laden Sie ihn ein, sein Vertrauen und Engagement in das Projekt zum Ausdruck zu bringen. Dies ist wertvoll für den Teamgeist.

DYNAMISCH BEGINNEN

Treffen Sie sich mit dem Team möglichst frühzeitig zu einer ausführlichen Einführungsbesprechung, um das Projekt umfassend darzustellen. Erläutern Sie die Ziele und Einschränkungen, stellen Sie den Nutzen für alle Beteiligten heraus, und legen Sie grundsätzliche Regeln fest, was Informationsfluss und Entscheidungsfindung anbelangt. Eröffnen Sie einen Dialog mit der Möglichkeit, Fragen zu stellen. Am Ende dieser Besprechung sollte jeder wissen, was zu tun ist.

Kollege fühlt sich in neuer Rolle anerkannt.

Geldgeberin begrüßt erfreut jeden Einzelnen.

Teammitglied erfährt die Bedeutung des Projekts.

Das Vertrauen der Geldgeberin in Projektleiterin und Team verleiht Rückhalt.

EINFÜHRUNGSBERICHT

Im Einführungsbericht sollte die Zielvorstellung, die dem Projekt zugrunde liegt (die Vision) sowie der Erfolgsmaßstab erläutert werden, an dem sich das Team orientieren wird. Bewilligte Ressourcen und Hinweise auf eventuelle Probleme können ebenfalls dokumentiert werden. Es kann nicht schaden, alle unternehmensrelevanten Gruppen zu erwähnen und wichtige Persönlichkeiten, die das Projekt unterstützen, zu bitten, den Bericht persönlich zu unterschreiben. Dies gilt auch für den Projektleiter und den Geldgeber.

63 Berichte einfach und ohne Fachbegriffe schreiben

64 Bitten Sie um Unterschriften als formelle Zustimmung.

GLIEDERUNG EINES EINFÜHRUNGSBERICHTS

TEILE DES BERICHTS	WAS GEHÖRT DAZU?
ZIELVORSTELLUNG Erläuterung des Projektziels insgesamt	❀ Klar erläutern, warum das Projekt initiiert wurde und was erreicht werden soll ❀ Den Nutzen des Projekts für das Projektteam und das Unternehmen insgesamt darlegen
ZIELE Zusammenfassung von Indikatoren, gegenwärtiger Leistung und bezifferbarem Leistungsziel	❀ Erklären Sie detailliert, wie der Erfolg des Projekts gemessen wird. ❀ Erläutern Sie, welche Geschäftsergebnisse bei Projektende erzielt sein sollen.
MEILENSTEINE Bestimmte Ereignisse und Erfolge, die den Projektfortschritt dokumentieren	❀ Formulieren Sie Meilensteine, damit jeder weiß, was er in den einzelnen Phasen zu leisten hat. ❀ Legen Sie die Meilensteine so an, dass sie das Projekt in logische, messbare Segmente unterteilen.
CHANCEN UND RISIKEN Eine Liste mit potenziellen Risiken und zusätzlichen Chancen	❀ Erläutern Sie, was Teammitglieder bei der Ausübung ihrer Funktion beachten müssen. ❀ Weisen Sie auf jeden Bereich hin, in dem Verbesserungen möglich sind, um den Nutzen zusätzlich zu erhöhen.
UNTERNEHMENSRELEVANTE GRUPPEN Ein Verzeichnis aller beteiligten unternehmensrelevanten Gruppen	❀ Erwähnen Sie alle beteiligten Parteien, fügen Sie Referenzen bei, um das Vertrauen in das Projekt zu stärken. ❀ Führen Sie alle Kunden auf, und legen Sie dar, welche Erwartungen jeder von ihnen mit dem Projekt verbindet.

MITARBEITERFÜHRUNG

Es gibt viele verschiedene Führungsstile. Da Projekte jedoch hauptsächlich auf gutem Teamwork basieren, ist es entscheidend, Konsens herzustellen, anstatt von oben herab zu diktieren. Ein Projekt erfolgreich leiten heißt sein Team motivieren können.

65 Seien Sie ein Projektleiter, den man gerne aufsucht.

66 Zeigen Sie sich stets motiviert, auch unter Druck.

ANGEMESSENER FÜHRUNGSSTIL

Es gibt ein breites Spektrum von Führungsstilen, von denen Sie im Laufe des Projekts Gebrauch machen werden, vom autoritären bis hin zu einem konsensorientierten. Welchen davon Sie überwiegend anwenden, hängt von Ihrem Unternehmen, der Natur des Projekts, den Eigenschaften des Teams und Ihrer eigenen Persönlichkeit ab.

EINEN FÜHRUNGSSTIL AUSWÄHLEN

FÜHRUNGSSTIL	EIGNUNG
DIKTATORISCH Entscheidungen werden allein getroffen; riskant, autokratisch, viel Kontrolle	Dieser Stil ist geeignet, wenn das Projekt in eine Krise gerät und keine Zeit für eine Aussprache bleibt. Da er die Teamarbeit untergräbt, sollte man ihn zurückhaltend anwenden.
ANALYTISCH Man trägt Fakten zusammen, beobachtet und analysiert vor Entscheidungen.	Dieser Stil, der erhebliche analytische Fähigkeiten voraussetzt, ist bei Zeitdruck oder Krisen geeignet, wenn rasches Handeln geboten ist.
MEINUNGSORIENTIERT Entscheidungen basieren auf Meinungen des Teams.	Mit diesem Stil stärken Sie das Vertrauen des Teams, zeigen, dass Ihnen die Meinung anderer wichtig ist, schmeicheln denjenigen, die gerne etwas zu sagen haben.
DEMOKRATISCH Mitspracherecht des Teams, Beteiligung an Entscheidungsfindung	Ein Stil, der überwiegend angewendet werden sollte, um Teammitglieder anzuspornen und ihr Engagement für das Projekt zu fördern.

KULTURELLE UNTERSCHIEDE

In England tendieren Projektleiter dazu, nur ausgesuchte Teammitglieder an der Entscheidungsfindung zu beteiligen, während in den USA stets das gesamte Team daran teilnimmt. In Japan wird Konsens angestrebt, wobei einstimmige Entscheidungen oft nur mühsam erzielt werden.

DEN FÜHRUNGSSTIL WECHSELN

Sie sollten bereit sein, Ihren Führungsstil dem Team und der jeweiligen Situation anzupassen, auch wenn nicht jeder Stil Ihrem persönlichen Naturell entspricht. Manche Projektleiter halten Konsensgespräche für langweilig und zeitraubend, während andere so erpicht darauf sind, dass sie viel Zeit damit verlieren und das Projekt gefährden. Das Geheimnis guten Konsenses liegt darin, alle Meinungen zu hören, bevor eine bestimmte Richtung eingeschlagen wird. Eine Entscheidung ist dann richtig, wenn niemand mehr etwas Stichhaltiges dagegen einwenden kann.

RICHTIG FÜHREN

Jedes Teammitglied hat seine eigene Persönlichkeit und seinen eigenen Stil. Nehmen Sie sich Zeit, die Leute zu studieren, auf sie einzugehen und für jeden Einzelnen den richtigen Ton zu finden. Manche Teammitglieder bevorzugen Zielsetzungen, wobei sie ein bestimmtes Maß an Verantwortung für deren Erreichen erhalten. Andere kommen besser mit einer klar definierten Aufgabenstellung zurecht. Finden Sie den passenden Stil für jeden Einzelnen.

▼ LAISSEZ FAIRE

Ein erfahrenes und fähiges Teammitglied motivieren Sie am besten, indem Sie ihm die Initiative überlassen. Bieten Sie Unterstützung an, aber mischen Sie sich nicht zu sehr ein.

◀ STRAFFE FÜHRUNG

Äußern Sie unmissverständlich, was Sie von einem neuen oder unerfahrenen Mitarbeiter erwarten, der Anleitung und Rückhalt braucht.

ERGEBNISSE ERZIELEN

Zwei Hauptfaktoren sind für die Wahl des geeigneten Führungsstils entscheidend. Herrscht Zeitdruck, gibt es keine Alternative zum diktatorischen Stil, da Sie sich den Luxus von Konsensgesprächen nicht leisten können. Brauchen Sie Zustimmung, müssen Sie andere an maßgeblichen Entscheidungen beteiligen, damit diese sie auch bereitwillig umsetzen. Egal, wofür Sie sich entscheiden, es zählt die Qualität der Entscheidung. Stellen Sie sicher, dass Sie Ihre Entscheidung auch ausreichend rechtfertigen können, bevor Sie sie einfach durchsetzen.

NICHT VERGESSEN

❋ Das Team muss nicht unbedingt so vorgehen, wie Sie das täten, Hauptsache, die Ergebnisse sind zufrieden stellend.

❋ Beharrt ein Teammitglied auf Kleinigkeiten, geben Sie nach. Sie müssen Kriege gewinnen, nicht einzelne Schlachten.

❋ Ist der Erfolg Ihrer Ansicht nach irgendwie gefährdet, müssen Sie das Steuer in die Hand nehmen.

67 Versuchen Sie, Konflikte konstruktiv zu nutzen.

KONFLIKTLÖSUNG

Persönliche Zusammenstöße sind unvermeidlich, wenn viele Personen zusammenarbeiten. Es gibt Auseinandersetzungen bezüglich der Anforderungen an die Arbeitsqualität, oder die Chemie zwischen einzelnen Mitarbeitern stimmt einfach nicht. Versuchen Sie eine Konfliktlösung, indem Sie die Entscheidung einfach selbst treffen, oder setzen Sie Ihr diplomatisches Geschick ein, und sprechen Sie mit den Betroffenen. Konflikte können auch durch den Zeitplan ausgelöst werden, z. B. wenn ein Teammitglied mehr Zeit für eine Reihe von Tätigkeiten braucht, ein anderes dies aber für unnötig erachtet. Gehen Sie den Zeitplan mit beiden durch, um zu einer Lösung zu gelangen, die allen hilft.

◀ DIPLOMATISCH VORGEHEN

Wenn ein Konflikt zwischen Teammitgliedern den Erfolg des Projekts gefährdet, müssen Sie vermitteln. Suchen Sie eine Lösung, mit der sich beide arrangieren können, damit das Projekt weiterlaufen kann.

Sally, ein leitendes Mitglied des Projektteams, war mit der Leitung eines kleineren Teams betraut worden. Tom, dem Projektleiter, fiel auf, dass Gerald, eines von Sallys kompetentesten und engagiertesten Teammitgliedern, sich bei Teambesprechungen stark zurückhielt. Er nahm Gerald ganz zwanglos beiseite und fragte ihn, wie er so zurechtkäme. Obwohl Gerald Sally nicht offen kritisierte, las Tom

zwischen den Zeilen, dass Gerald in anderen Projektteams bisher aktiver an Entscheidungsprozessen beteiligt worden war. Es lag auf der Hand, dass er Sally zu forsch fand. Tom unterhielt sich daraufhin mit Sally und bat sie, ihren Führungsstil in Bezug auf Gerald zu überdenken, worauf sie mehr auf ihn einging und Gerald bald wieder zu seiner gewohnt aktiven Rolle bei Meetings zurückfand.

◀ KLUG FÜHREN

Sallys Dominanz und ihre Art, alle Entscheidungen selbst zu treffen, demotivierten Gerald, der gerne selbst die Initiative ergriffen hätte. Anstatt jedoch die Angelegenheit selbst in die Hand zu nehmen, bat Tom Sally, die Situation zu überdenken und geeignete Schritte zu unternehmen. Sally entschied, Gerald stärker einzubeziehen, um sein Selbstwertgefühl zu heben. Und seine Leistung verbesserte sich schlagartig.

VORNEHME ZURÜCKHALTUNG

Es ist nicht leicht, einzusehen, dass eine gute Führungskraft Fehler der Mitarbeiter bewusst zulassen muss. Sie wissen vielleicht aus Erfahrung, dass eine Entscheidung des Teams dem Projekt nicht zuträglich ist. Intervenieren Sie jedoch jedes Mal, wird Ihr Team nicht aus Fehlern lernen können. Natürlich müssen Sie von Fall zu Fall entscheiden, ob es besser ist, sich zurückzuhalten. Das Team soll sich zwar weiterentwickeln, aber die Projektziele haben stets Vorrang.

68 Respektieren Sie Ihr Team, und es wird Sie respektieren.

69 Geben Sie frische Impulse, um das Team bei Laune zu halten.

FÜHRUNGSEIGENSCHAFTEN TRAINIEREN

So führen Sie Ihr Team erfolgreich:

❋ Stellen Sie sicher, dass jeder auf ein gemeinsam anerkanntes Ziel hinarbeitet.

❋ Üben Sie konstruktive Kritik, loben Sie gute Arbeit, und sprechen Sie Fehler an.

❋ Kontrollieren Sie die Tätigkeiten Ihres Teams kontinuierlich durch effektives Feedback, z. B. regelmäßige Berichte.

❋ Spornen Sie die Mitglieder fortwährend an, kreative Ideen einzubringen, z. B. durch Methoden wie Brainstorming.

❋ Verlangen Sie stets höchste Standards bei der Durchführung.

❋ Fördern Sie persönliche und kollektive Fähigkeiten im Team, und festigen Sie sie durch Schulungen und Neueinstellungen.

TEAMWORK FÖRDERN

Fördern Sie Teamwork, indem Sie ein gutes Klima schaffen, sodass die Kollegen, gute Ideen einbringen anstatt sich persönlich zu profilieren, und gehen Sie auf die sich im Lauf des Projekts verändernden Bedürfnisse ein.

70 Loben Sie gute Leistungen vor dem gesamten Team.

KULTURELLE UNTERSCHIEDE

Amerikanische Projektleiter halten gern flammende Reden und arbeiten mit rhetorischen Finten, um zu motivieren und den Teamgeist zu fördern. In England kann ein eloquenter Redner zwar auch Punkte machen, er muss jedoch subtiler vorgehen. In Japan setzt man auf Loyalität, indem man den Nutzen des Projekts für das Unternehmen herausstreicht.

ANSPORN ZUM TEAMWORK

Sorgen Sie dafür, dass jedes Teammitglied die Verdienste der anderen um das Projekt anerkennt. Motivieren Sie die Teammitglieder, Fähigkeiten gegenseitig zu schätzen und zusammenzuarbeiten, um höchsten Maßstäben gerecht zu werden. Loben Sie Team und Einzelpersonen, damit alle das Gefühl haben, gute Arbeit zu leisten. Wenn einmal feststeht, wer welche Funktion übernimmt und wofür verantwortlich ist, besteht eigentlich kein Anlass mehr für Konflikte und Unsicherheiten. Als Projektleiter sollten Sie sich allen gegenüber gleich fair zeigen; Begünstigungen führen leicht zu Verstimmungen. Nutzen Sie Nachbesprechungen, um das Teamwork zu festigen und Vertrauen zu bilden.

DIE ENTWICKLUNG DES TEAMS WAHRNEHMEN

Ein Team hat mehrere Entwicklungsphasen, es formt sich, rebelliert, fügt sich und bringt dann Leistung. Sie sollten es so schnell wie möglich zur Leistungsphase der perfekten Zusammenarbeit führen. Als starke Führungspersönlichkeit wird es Ihnen gelingen, die heikle Anfangsphase zu überwinden, in der sich das Team zusammenfindet und ins Projekt eingegliedert wird. Nutzen Sie Ihre Autorität, um Konflikte rasch zu entschärfen und taktischen Manövern Einhalt zu gebieten.

NICHT VERGESSEN

❖ Nicht alle Teammitglieder sind von Anfang an gleich engagiert.

❖ Normalerweise rebelliert jeder irgendwann, was jedoch bei guter Führung ein kreativer Prozess sein kann.

❖ Es geht darum, kreative Köpfe heranzubilden, keine Konformisten.

❖ Man muss sich wohl fühlen, um gut zusammenzuarbeiten.

PHASEN IM LEBEN EINES PROJEKTTEAMS

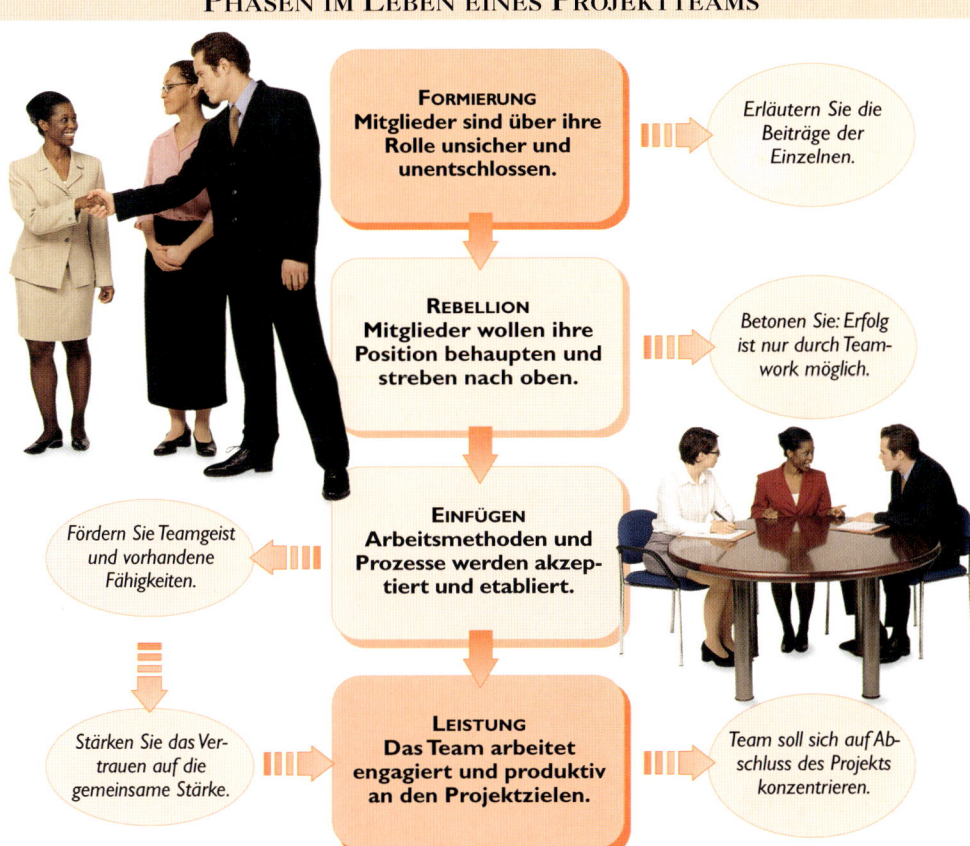

FORMIERUNG
Mitglieder sind über ihre Rolle unsicher und unentschlossen.

Erläutern Sie die Beiträge der Einzelnen.

REBELLION
Mitglieder wollen ihre Position behaupten und streben nach oben.

Betonen Sie: Erfolg ist nur durch Teamwork möglich.

Fördern Sie Teamgeist und vorhandene Fähigkeiten.

EINFÜGEN
Arbeitsmethoden und Prozesse werden akzeptiert und etabliert.

Stärken Sie das Vertrauen auf die gemeinsame Stärke.

LEISTUNG
Das Team arbeitet engagiert und produktiv an den Projektzielen.

Team soll sich auf Abschluss des Projekts konzentrieren.

DIE DYNAMIK ERHALTEN

Es gibt zwei weitere typische Phasen während eines Projekts, die Langeweile- und die Nörgelphase. Die erste tritt oft bei Langzeitprojekten auf, wenn Teammitglieder nicht mehr nach neuen Herausforderungen oder neuen Wegen suchen, die Arbeit zu bewältigen. Bemühen Sie sich, Innovationen zu fördern. Nörgelei beginnt, wenn ein Team gut harmoniert, jedoch den Verlust eines scheidenden Mitglieds nicht verkraftet. Kümmern Sie sich um entsprechenden Ersatz, und bekräftigen Sie das Vertrauen in das verbleibende Team.

71 Helfen Sie anderen, Probleme zu erkennen.

72 Beziehungen verändern sich mit der Zeit.

49

ENTSCHEIDUNGSFINDUNG

Für die zukünftige Kursbestimmung hat die Qualität der Entscheidungen oberste Priorität. Um als Team richtige Entscheidungen zu treffen, entwickeln Sie ein logisches Verfahren, dem Sie dann jedes Mal folgen. Mittels Feedback können Sie die Qualität überprüfen.

73 Bedenken Sie alle Fakten, bevor Sie eine Entscheidung treffen.

NICHT VERGESSEN

❋ Der Entscheidungsfindungsprozess geht erst langsam, mit zunehmender Erfahrung immer schneller.

❋ Erklären Sie den Entscheidungsfindungsprozess auch unternehmensrelevanten Gruppen und Geldgebern.

❋ Wer an Entscheidungen mitgewirkt hat, setzt sie auch bereitwilliger um.

LOGISCHES VERFAHREN

Bei jeder Entscheidung konsequent vorzugehen hat einige Vorteile. Die Entscheidung wird schneller getroffen, da der Prozess bekannt ist. Irrelevante Optionen werden verworfen und die vernünftigste Alternative wird rasch angesteuert. Die Qualität der Entscheidung verbessert sich, da ein Verfahren wenig Raum für Unsicherheiten lässt; und schließlich tragen auch Teammitglieder, die erst gegen die Entscheidung waren, diese eher mit, wenn die Entscheidung durch Konsens erzielt wurde.

DIE IDEALVORSTELLUNG

Das Team muss sich auf bestimmte Kriterien einigen, mit denen es Entscheidungen bewertet und die ideale Leistung für jedes Kriterium ermitteln. Beurteilen Sie z. B. die Angebote zweier Dienstleister für das Projekt, bitten Sie das Team, durch Brainstorming zu ermitteln, wie die ideale Lösung aussähe. Fragen Sie »Was soll uns die Lösung bringen?« und »Welchen Nutzen sollten wir anstreben?«. Diese Auflistung bietet Auswahlkriterien und die Möglichkeit, Alternativen gegenüberzustellen.

▼ **KRITERIEN FESTLEGEN**
Ermitteln Sie durch Brainstorming Kriterien, mit denen Sie Entscheidungen bewerten, und lassen Sie ein Teammitglied jeden Beitrag notieren, damit dieselben Begriffe benutzt werden.

OPTIONEN BEWERTEN

Ermitteln Sie mit Hilfe des Teams, welche Kriterien am wichtigsten sind. Bewerten Sie Ihre Optionen nun anhand des Ideals, das Sie bezüglich jedes Kriteriums festgelegt haben. Dieses Vorgehen ist zwar logisch, erfordert jedoch auch kreatives Denken, um die Optionen effektiv zu bewerten. Auf diese Weise kristallisiert sich vielleicht eine Option heraus. Wenn nicht, nehmen Sie das nächste Kriterium und verfahren ebenso. Wiederholen Sie diesen Prozess so lange, bis eine Option klar führt oder sich zwei Optionen als quasi gleichwertig herausgestellt haben, von denen diejenige den Vorzug erhält, die vom Geldgeber oder anderen unternehmensrelevanten Gruppen am ehesten akzeptiert wird.

74 Lebhafte Debatten um Optionen erweitern die Perspektive.

75 Jemand sollte Ihre Entscheidung kritisch beurteilen und ein Feedback geben.

SICHERE ENTSCHEIDUNGEN TREFFEN

Wie würde sich eine falsche Entscheidung auswirken? Würde sie eine Katastrophe bedeuten, dann überdenken Sie die Entscheidung vielleicht lieber und wählen eine harmlosere Variante. Überprüfen Sie die Entscheidung nach folgenden Kriterien:

✹ Geeignet: Ist die Entscheidung in der aktuellen Lage wirklich die geeignetste?

✹ Akzeptabel: Ist die Entscheidung für alle Parteien akzeptabel, die ein Interesse am Projekt haben?

✹ Durchführbar: Kann die Lösung unter bestehenden Zeit- und Ressourcenbeschränkungen auch tatsächlich implementiert werden?

ENTSCHEIDUNGEN BESTÄTIGEN ▷
Überprüfen Sie die Richtigkeit der Entscheidung, indem Sie Geldgeber oder unternehmensrelevante Gruppen wie Kunden oder Zulieferer konsultieren.

✹ Beständig: Wird die Lösung bis zum Projektende und darüber hinaus Bestand haben?

Mit diesen Kriterien können Sie jederzeit schnell und verlässlich Einzel- oder Kollektiventscheidungen prüfen.

INFORMATIONSFLUSS STEUERN

Jeder muss jederzeit Zugang zu den wichtigsten projektbezogenen Informationen haben. Um diese Daten effizient zu erfassen und zu aktualisieren, können Sie ein Informationszentrum einrichten und einen Koordinator bestimmen, der es leitet.

76 Halten Sie Fehler und Erfahrungen als zukünftiges Referenzmaterial fest.

77 Indexieren Sie Informationen für einen leichteren Zugriff.

78 Sorgen Sie dafür, dass Daten regelmäßig aktualisiert werden.

INFORMATIONEN BEWERTEN

Während eines Projekts wird eine wahre Datenflut produziert. Jede Informationseinheit sollte als potenziell wichtig betrachtet werden, entweder für Ihr eigenes oder ein zukünftiges Projekt. Was gespeichert werden soll, liegt meist auf der Hand, denken Sie jedoch vorausschauend. Beinhaltet ein Projekt z.B. die Ermittlung eines Produktivitätsmaßstabs, kann dies auch für andere Bereiche des Unternehmens von Interesse sein. Jede Aktivität in Bezug auf Risikomanagement, Nutzung neuer Verfahren oder auch auf die Teamstruktur kann sich in der Zukunft als bedeutsam erweisen.

DATEN STRUKTURIEREN

Projektdaten können generell in zwei Kategorien eingestuft werden: Information zur Planung wie Zielvorstellungsdefinition, Ziele, Gesamtplan und Netzdiagramm; und allgemeine Daten, z.B. Hintergrundinformationen, die zur Durchführung der Tätigkeiten benötigt werden. Es ist ratsam, diese Informationen in drei weitere Gruppen zu unterteilen: erledigte Tätigkeiten, laufende Tätigkeiten und bevorstehende Tätigkeiten. Auf diese Weise weiß jeder, wo er die Informationen suchen muss. Hüten Sie sich jedoch davor, unnötig Daten anzuhäufen, denn damit überlasten Sie nur ein System, das effizient und benutzerfreundlich arbeiten soll.

DAS IST ZU TUN

1. Teilen Sie dem Team mit, welche Art von Informationen im Informationszentrum verfügbar ist.

2. Der Koordinator muss die erforderlichen Softwaretools besitzen.

3. Der Koordinator erinnert Teammitglieder an Abschlusstermine für Tätigkeiten und Entwicklungsberichte.

KOORDINATOR BESTIMMEN

In Projekten mit begrenztem Informationsfluss werden Sie die Daten selbst verwalten können. Bei einem umfassenden Projekt mit Massen von Daten wird es sich dagegen bezahlt machen, ein Teammitglied auf Teilzeit- oder Vollzeitbasis mit dem Informationszentrum zu betrauen. Dieser Funktion des Informationskoordinators wird am ehesten das Teammitglied gerecht, das die besten koordinatorischen Fähigkeiten besitzt. Es aktualisiert die Planungsdokumentation, erfasst und indexiert alle wichtigen vom Team zusammengetragenen Informationen und stellt diese bereit.

KULTURELLE UNTERSCHIEDE

Unternehmen in den USA haben die Nase vorn, wenn es darum geht, Daten zu erfassen und sie dem gesamten Unternehmen zugänglich zu machen. In England gibt es Informationskoordinatoren auf verschiedenen Ebenen, damit Projektleiter Informationen schnell und unproblematisch abrufen können. Auch in Kontinentaleuropa steigt die Zahl von Informationskoordinatoren allmählich, da man inzwischen ihre Bedeutung erkannt hat.

Teammitglied liefert dem Koordinator den neuesten Stand einer Tätigkeit.

Koordinator nimmt die Information auf.

◀ INFORMATIONEN AKTUALISIEREN

Der Informationskoordinator spielt als Verwalter des Projektplans, der Entwicklungsberichte, aktualisierter Netzdiagramme, Balkendiagramme und Tätigkeitsberichte eine entscheidende Rolle.

KLARE KOMMUNIKATION

Je besser die Kommunikation, desto reibungsloser der Projektablauf. Jeder muss Zugang zu den erforderlichen Projektinformationen haben und die Kommunikation in beide Richtungen muss durch gegenseitiges Zuhören und Feedback gewährleistet sein.

79 Vermeiden Sie Informationen, die das Projekt eher behindern könnten.

80 Geben Sie dem Team alle erwünschten und notwendigen Informationen.

81 Führen Sie häufige Einzelgespräche mit Teammitgliedern.

INFORMATION WEITERGEBEN

Wer benötigt welche Information in welcher Form und wann? Gehen Sie die Liste der unternehmensrelevanten Gruppen im Einführungsbericht durch. Konzentrieren Sie sich auf diejenigen, die im Interesse des Projekts Zugang zu Informationen haben müssen, übergehen Sie aber auch weniger wichtige Gruppen nicht. Überlegen Sie, wie Sie die Informationen verfügbar machen möchten, und denken Sie daran, dass dies so rasch wie möglich geschehen sollte. Der Informationskoordinator muss die Prioritäten kennen. Ändern sich z. B. Kundenbedürfnisse, muss das Team schnellstens informiert werden.

INFORMATIONSTECHNOLOGIEN NUTZEN

Nutzen Sie Technologien optimal, um die Kommunikation zu verbessern. E-Mail ist ein extrem zeitsparendes Medium, wenn es richtig genutzt wird. Wichtig ist, dass Sie so viele Mails bekommen sollten, wie Sie verschicken; gehen Sie daher rationell mit Ihren Messages um. Ist diese Mail jetzt unbedingt erforderlich? Ist es in Anbetracht der Lage die effektivste Kommunikationsform? Für effiziente Arbeit sind weniger E-Mails oft mehr, um dieses Medium optimal zu nutzen. Achten Sie auf Kompatibilität. Schicken Sie jemandem eine Datei, der keine kompatible Software hat, dann findet keine Kommunikation statt und Sie verlieren, Zeit.

KOMMUNIKATION IN BEIDE RICHTUNGEN FÖRDERN

Das Team ist der Hauptinformationskanal zwischen Kunden, anderen unternehmensrelevanten Gruppen und Ihnen als Projektleiter. Ehrlichkeit sollte groß geschrieben werden. Stellen Sie so genannte offene Fragen wie die unten stehenden.

„ Wie könnten wir Ihrer Meinung nach unsere Projektarbeit noch weiter verbessern? "

„ Wenn Sie nochmals mit dieser Tätigkeit konfrontiert würden, was würden Sie anders machen? "

„ Wie beurteilen die Kunden unsere Arbeit – machen Sie einen zufriedenen Eindruck? "

„ Gibt es Anzeichen für Unzufriedenheit bezüglich der Fortschritte? "

AUF ANDERE HÖREN

Halten Sie Ihr Team an, offen und ehrlich mit Ihnen zu sein, und signalisieren Sie durch Ihre Zuhörbereitschaft, dass Sie Wert auf seine Meinung legen. Betonen Sie, dass auch negatives Feedback eine echte Chance für Verbesserung bietet, und zerstreuen Sie die Befürchtung, offen geäußerte Kritik könnte Repressalien nach sich ziehen. Haben Sie auch unternehmensrelevanten Gruppen gegenüber ein offenes Ohr. Diese schätzen ganz besonders, wenn man ihre Fragen und Probleme ernst nimmt. Hören Sie aufmerksam zu. Nur so können Sie feststellen, ob Ihre Botschaft auch angekommen ist.

82 Achten Sie darauf, was wie gesagt wird.

Teammitglied äußert ehrlich seine Meinung.

Kollege gibt sowohl positives als auch negatives Feedback.

ZU FEEDBACK ▶ ERMUTIGEN

Sprechen Sie einzeln oder in kleinen Gruppen mit Teammitgliedern, fördern Sie Feedback, indem Sie fragen, wie das Projekt ihrer Meinung nach vorankommt.

LEISTUNGS-KONTROLLE

Effektive Kontrolle hält das Projekt bezüglich Leistung, Zeit und Kosten auf Kurs. Halten Sie an Ihrem Plan fest, und werden Sie rasch mit Problemen und Veränderungen fertig.

FORTSCHRITTE DOKUMENTIEREN

Auch der beste Plan kann schief gehen, daher ist eine Art Frühwarnsystem Gold wert. Es ist wichtig, dass Sie sich bezüglich effektiver Kontrolle hinreichend auskennen und ein System etablieren, das potenzielle Probleme erkennt.

83 Gleichen Sie Zeitplan und Budget immer wieder mit dem ursprünglichen Plan ab.

84 Kontrolle muss sein, auch wenn alles nach Plan läuft.

85 Bitten Sie das Team um Ideen, die den Fortschritt beschleunigen.

EFFEKTIVE KONTROLLE

Die Kontrolle über ein Projekt sollte mit einem planmäßigen und reibungslosen Projektablauf einhergehen. Effektive Kontrolle verschafft Ihnen Informationen, um Fortschritte bezüglich der Projektziele zu messen und abzustimmen. Sie können dem Team, den unternehmensrelevanten Gruppen, Vorgesetzten und Kunden diese Fortschritte mitteilen und damit erforderliche Kurskorrekturen rechtfertigen. Sie können außerdem die Fortschritte den ursprünglich gesetzten Zielen jederzeit gegenüberstellen.

ZULIEFERER KONTROLLIEREN

Externe Zulieferer stellen ein Risiko dar, da Sie keinerlei Einfluss auf deren Ressourcen haben. Behalten Sie auch die Entwicklung der Zulieferer im Auge. Binden Sie sie ins Team ein, indem Sie sie zu Besprechungen und informellen Treffen einladen. Dadurch können Sie ihr Engagement für das Projekt kontinuierlich einschätzen, und nicht erst dann, wenn ihre Leistung fällig ist.

BERICHTE

Wer für Tätigkeiten oder Meilensteine verantwortlich ist, muss die Entwicklung dokumentieren. Berichte sind gewissenhaft und rechtzeitig zu erstellen. Sie enthalten den momentanen Stand, die Entwicklung ab dem letzten Bericht sowie potenzielle Probleme, zusätzliche Chancen oder Risiken bezüglich des Meilensteins. Sie sichten die Berichte und fassen für Geldgeber und unternehmensrelevante Gruppen den aktuellen Stand zusammen. Ordnen Sie die Themen nach Priorität, und markieren Sie sie farbig, um auf der Tagesordnung für die Nachbesprechung rot markierte Themen, also solche höchster Priorität, angemessen zu berücksichtigen.

DER ABLAUF DES KONTROLLPROZESSES

Team erstellt Entwicklungsberichte.

Projektleiter fasst sie für Geldgeber und andere Parteien zusammen.

Problematische Themen werden in regelmäßigen Nachbesprechungen erörtert.

In der Nachbesprechung werden Probleme erörtert und Fortschritte dokumentiert.

In regelmäßigen Meetings werden Meilensteine überprüft.

Pläne werden nötigenfalls aktualisiert, um das Projekt auf Kurs zu halten.

NICHT VERGESSEN

* Bei komplexen oder Mammutprojekten müssen häufiger Berichte erstellt werden.

* Tauchen gewisse Problemstellungen erstmals auf, muss die Kontrolle umso strikter und häufiger durchgeführt werden.

* Sind Teammitglieder eigenständiges Arbeiten gewohnt, kann zu viel Kontrolle kontraproduktiv sein.

AUF TIMING ACHTEN

Wie oft sind Nachbesprechungen und Entwicklungsberichte angebracht? Je nachdem, wie gravierend ein Problem sich ohne ständige Kontrolle auswirken kann, können wöchentliche, ja tägliche Berichte erforderlich sein. In regelmäßigen Nachbesprechungen können Probleme gelöst, Entwicklungen besprochen und Leistungen bewertet werden. Sie sollten mindestens einmal im Monat stattfinden, bei komplexen Projekten oder während einer besonders heiklen Phase des Projekts auch öfters.

NACHBESPRECHUNGEN DURCHFÜHREN

Nachbesprechungen werden während der gesamten Projektlaufzeit abgehalten, um Entwicklungen und Ergebnisse zu besprechen und Meilensteine festzulegen. Gestalten Sie sie effektiv, um den Teamgeist zu fördern und alle gut zu informieren.

86 Teammitglieder dürfen alles ansprechen, was das Projekt betrifft.

87 Nachbesprechungen sollten sich nicht endlos in die Länge ziehen.

88 Loben Sie Mitarbeiter, wenn sich Erfolge einstellen.

NACHBESPRECHUNG PLANEN

Es gibt regelmäßige und formelle Nachbesprechungen mindestens einmal im Monat, um detaillierte Ergebnisse und wesentliche Punkte bezüglich der Implementierung des Plans zu kontrollieren, und solche, zu denen wichtige Parteien, z. B. der Geldgeber, eingeladen werden, weil ein bestimmter Meilenstein erreicht wurde. Dabei geht es um wirtschaftliche Interessen. Es kann auch überprüft werden, ob das Projekt bestimmte Kriterien erfüllt. Wenn diese Kriterien nicht erfüllt werden, kann die Zukunft des Projekts gefährdet sein.

TEILNEHMER AUSWÄHLEN

Ihr Geldgeber soll an manchen, jedoch nicht allen Meetings teilnehmen. Enge Mitarbeiter werden fast immer dabei sein, andere wiederum nur dann, wenn es erforderlich ist, sonst wird ihre Zeit verschwendet. Brauchen Sie jemanden nur für ein oder zwei Punkte, setzen Sie hierfür einen Termin, und bitten Sie ihn, fünf Minuten vorher zu kommen. Gilt es, eine Entscheidung zu treffen, müssen alle mitspracheberechtigten Personen anwesend und alle relevanten Informationen verfügbar sein.

WICHTIGE FRAGEN

F Wird jeder Teilnehmer einen wertvollen Beitrag leisten?

F Gibt es Teammitglieder, die nur zeitweise anwesend sein müssen?

F Nimmt diese Person nur am Meeting teil, weil sie das schon immer tat, oder gibt es dafür einen bestimmten Grund?

F Kann die Abwesenheit einer Person das Projekt gefährden?

| Tagesordnung basierend auf Entwicklungsbericht | → | Entscheidung, wer an Besprechung teilnimmt | → | Ausgabe der Tagesordnung an die Teilnehmer |

EINE NACHBESPRECHUNG LEITEN

Disziplin ist der Schlüssel für die erfolgreiche Leitung einer Nachbesprechung. Fassen Sie die Ziele zusammen, und planen Sie für jeden Tagesordnungspunkt Zeit ein. Konzentrieren Sie sich mehr auf Einschätzung als auf Analyse, stellen Sie Fragen wie »Wie läuft das Projekt?« oder »Was gibt es seit der letzten Besprechung Neues?«. Ihre Intention ist, alle über die Entwicklung auf dem Laufenden zu halten.

◄ FÜR DISZIPLIN ► SORGEN

Verspätung darf nicht toleriert werden. Machen Sie von Anfang an klar, dass solch ein Verhalten untragbar ist, und weisen Sie darauf hin, dass dadurch alle anderen aufgehalten werden.

⚑ MEETINGS VORBEREITEN

Bei Nachbesprechungen sind wichtige Entscheidungen zu treffen, bereiten Sie sie also gut vor. Geben Sie die Tagesordnung vorher aus, damit sich das Team vorbereiten kann.

Teammitglied kommt zu spät zum Meeting.

Projektleiterin findet klare Worte in Bezug auf Pünktlichkeit.

89 Führen Sie bei Abschweifungen zur Tagesordnung zurück.

90 Beenden Sie Meetings immer in positiver Stimmung.

AUF ZIELEN BEHARREN

Konzentrieren Sie sich auf Ihre Ziele. Dokumentieren Sie, was bereits erreicht wurde, was nicht und wie der Zeitplan zu beurteilen ist. Wenn Teilnehmer abschweifen oder sich nicht an die Themen halten, bringen Sie sie auf den wesentlichen Punkt zurück, indem Sie sagen: »Darüber wollen wir heute nicht sprechen – kommen wir auf das Wesentliche zurück.« Fassen Sie Meinungen und Entscheidungen in einem günstigen Moment zusammen. Sind bestimmte Themen abgeschlossen, entlassen Sie diejenigen Mitarbeiter, die nicht mehr benötigt werden.

PROBLEME BEWÄLTIGEN

Ein Plan kann noch so perfekt sein, bei seiner praktischen Umsetzung treten oft Probleme auf. Halten Sie Ihre Teammitglieder zur Wachsamkeit an, und wenden Sie sofort entsprechende Problemlösungsstrategien an.

91 Betrachten Sie ein Problem von allen Seiten, bevor Sie es zu lösen versuchen.

92 Denken Sie daran: Wer gewarnt ist, ist gewappnet.

93 Das Team soll nicht nur Probleme, sondern auch Lösungen aufzeigen.

WARNUNGEN

Es geht hauptsächlich darum, Probleme früh genug zu erkennen, sodass keine Krisen daraus entstehen können. Es ist wesentlich schwieriger, zu reagieren, wenn es schon fünf vor zwölf ist. Selbst wenn der Aufwand größer ist, Vorsorge gegen Probleme zu treffen, die vielleicht gar nicht entstehen, ist es immer noch besser, als die Eskalation eines Problems zu spät festzustellen. Das Team wird durch Erfahrung lernen, wann Warnungen angebracht sind. Es sollte Ihnen ganz besonders am Herzen liegen, dass Probleme, die sich gravierend auf das Projekt auswirken können, entdeckt und entschärft werden, bevor es zu spät ist.

◄ SPANNUNGEN LÖSEN

Dadurch dass Projekte meist parallel zum normalen Geschäftsbetrieb ablaufen, ergeben sich besondere Probleme. In unserem Fall wollten Teammitglieder Verbesserungen bewirken, indem sie auf verspätete Lieferungen hinwiesen, taten dies jedoch so früh, dass der Warenhausbetrieb beeinträchtigt wurde. Nach der Einigung auf einen bestimmten Zeitpunkt konnten beide Seiten effektiver arbeiten.

FALLBEISPIEL

John war mit einem neuen Projekt betraut worden, er sollte das Inventurkontrollsystem der Hauptniederlassung der Warenhauskette verbessern. Das Projekt lief bereits, als ihn Tom, der Manager des Warenhauses, ansprach und ihm mitteilte, dass seine Leute unglaublich viel Zeit damit zubrächten, Lieferungen nachzugehen, die ein Mitglied des Projekts als verspätet deklarierte. Tom erklärte ihm, dass die meisten Kontrollabfragen dieses Teammitglieds sich erübrigten, da die Lieferungen im Allgemeinen bereits wenige Stunden später einträfen. Es ergäbe also keinen Sinn, dass sich das Personal darum kümmere. John bat Tom zu einer Teambesprechung, um festzulegen, wann eine Abfrage wirklich erforderlich sei. Dadurch wurde das Personal entlastet und mehr Zeit verfügbar, Lieferungen nachzugehen, die wirklich verspätet waren.

PROBLEME ANGEHEN

> **Auf die Bedenken der Teammitglieder hören**

> **Auswirkungen erörtern und, falls diese gravierend sind, gemeinsam Lösungen finden**

> **Erst Überblick, dann definitive Entscheidung**

> **Den Plan aktualisieren, wenn die Entscheidung eine Kursänderung erfordert**

> **Aktualisierten Plan an Informationskoordinator senden**

PROBLEME LÖSEN

Eine hilfreiche Problemlösungsstrategie umfasst die Durchforstung von vier Bereichen, um die Ursache des Problems zu ermitteln. Wenn z. B. die Produktion nicht der Zielsetzung entspricht, überlegen Sie, woran das liegt:

- **Personal:** Tritt das Problem auf, weil es an Fähigkeiten oder Unterstützung fehlt?
- **Produkt:** Ist das Produkt nicht richtig konzipiert oder die Herstellungsmethode verfehlt?
- **Prozess:** Könnte die Verbesserung eines Ihrer Geschäftsprozesse das Problem lösen?
- **Beschaffung:** Hat es irgendwie mit den Gütern oder Dienstleistungen zu tun, die wir beziehen?

TUN UND LASSEN

✔ Halten Sie ständig Kontakt zu Zulieferern, die Probleme verursachen können.

✔ Lösen Sie wiederkehrende Probleme, indem Sie Prozesse umstellen.

✘ Versuchen Sie nicht, ein Problem zu lösen, bevor Sie es genau analysiert haben.

✘ Erwarten Sie von Ihrem Team keine Problemlösungsstrategien.

DEN PLAN AKTUALISIEREN

Bitten Sie den Projektkoordinator, laufende Problemlösungsvorgänge im Informationszentrum als unvollständig zu markieren, und sprechen Sie diese bei der Nachbesprechung an. Gewichtige Probleme können eine drastische Änderung des Plans erfordern. Es kann passieren, dass neue Informationen oder veränderte Umstände das Projekt an sich hinfällig machen. Angenommen, ein Mitbewerber bringt ein neues Produkt mit Komponenten auf den Markt, die Ihres völlig gegenstandslos werden lassen. Da Sie immer den Nutzen des Unternehmens im Auge haben müssen, kann er hier einfach darin liegen, das Projekt zu kippen.

94 Informieren Sie die wichtigen Parteien über jede Änderung.

95 Ermitteln Sie die Ursache eines Problems, um es künftig zu vermeiden.

UMGANG MIT WANDEL

B ei Projekten ist Wandel unvermeidbar, daher ist Flexibilität gefragt. Ob Kunden plötzlich etwas anderes wollen oder Vorgesetzte den Projektrahmen ändern, Sie müssen mit diesen Veränderungen fertig werden, den Plan anpassen und jeden darüber informieren.

96 Suchen Sie Alternativen, bevor Sie wesentliche Teile des Plans ändern.

97 Erläutern Sie den Betroffenen den Nutzen des Wandels.

98 Lassen Sie die Änderungen so schnell wie möglich absegnen.

WANDEL VERSTEHEN

Manche Veränderungen können Sie steuern, z. B. die Straffung des Zeitplans, wenn Sie und Ihr Team mit der Zeit Tätigkeiten schneller erledigen. Andere Veränderungen werden Ihnen aufgezwungen, z. B. wenn ein Kunde plötzlich doch etwas anderes will oder Ihr Vorgesetzter zwei Ihrer engsten Mitarbeiter für andere Aufgaben abzieht. Möglicherweise zeigt auch Ihr Kontrollsystem die Notwendigkeit an, ein potenzielles Problem zu vermeiden. Egal, welche Art von Wandel Ihnen begegnet, wichtig ist, dass Sie den Projektplan darauf abstimmen können. Sie müssen auch beurteilen können, ob die gewünschte Auswirkung eingetreten ist, die Änderungen also tatsächlich ihren Zweck erfüllt haben.

◄ **VERÄNDERUNGEN BESPRECHEN**
Besprechen Sie Auswirkungen von Änderungen auf den Projektplan, prüfen Sie ihn im Hinblick auf die ursprünglichen Ziele, die Reihenfolge der Tätigkeiten, auf Budget, Personal, Ressourcen und Zeit.

AUSWIRKUNGEN

Bevor Sie Veränderungen vornehmen, beurteilen Sie Auswirkungen auf das Projekt, die auch das Team hinsichtlich Zeitplan, Budget und Ressourcen überprüfen soll. Gibt es einen anderen Weg zur Erreichung der Projektziele? Sind Veränderungen nötig, damit das Projekt vorankommt, tragen Sie diese im Projektplan ein, und lassen Sie sie von Vorgesetzten, Geldgebern und wichtigen Parteien abzeichnen, bevor Sie mit der Implementierung beginnen.

UNNÖTIGE ÄNDERUNGEN VERMEIDEN

Auch wenn Änderungen z. B. von einem Kunden oder Vorgesetzten diktiert werden, müssen sie nicht unbedingt sinnvoll sein. Stellen Sie fest, ob die Umsetzung der Änderungen das Ergebnis beeinträchtigen kann. Ist der Wandel ein Wagnis oder hat er negative Auswirkungen, machen Sie die Urheber auf den Nutzen aufmerksam, der dabei verloren geht. Verteidigen Sie Ihre Ansicht, oder bieten Sie Alternativen.

ÄNDERUNGEN EFFEKTIV EINSETZEN

Auswirkungen der Änderungen im Team besprechen

⬇

Wirken sich Änderungen stark aus, Alternativen betrachten

⬇

Nötige Veränderungen in den Projektplan aufnehmen

⬇

Zustimmung von Geldgeber und wichtigen Parteien einholen

⬇

Betroffene umgehend über Veränderungen informieren

DAS IST ZU TUN

1. Erklären Sie dem Team die Auswirkungen der Veränderungen.

2. Erklären Sie Sinn und Ursache der Veränderungen.

3. Legen Sie erneut Ziele, Zeitplan oder Funktionen fest.

4. Führen Sie Einzelgespräche, wenn jemand mit dem Wandel nicht zurechtkommt.

WANDEL

Hat Ihr Team hart daran gearbeitet, eine Reihe von Zielen zu verwirklichen, und bekommt plötzlich gesagt, dass sich diese geändert haben, ist dies natürlich demotivierend. Sprechen Sie daher Veränderungen so früh wie möglich an, insbesondere wenn Funktionen betroffen sind. Betonen Sie positive Aspekte, und legen Sie die Ursachen offen dar. Nehmen Sie Bedenken der Einzelnen ernst, und hören Sie ihnen zu, machen Sie jedoch klar, dass schnelle Anpassung erforderlich ist. Fixieren Sie schriftlich neue Erwartungen, Zeitpläne oder Ziele, damit jeder die weitere Vorgehensweise kennt.

EFFEKTIVITÄT STEIGERN

Nähert sich ein Projekt seinem Ende, ist es wichtig, genau zu bewerten, was erreicht wurde und was man daraus lernen kann. Die Endabwicklungsphase erlaubt Ihnen, das Projekt rundum sauber abzuschließen und den Erfolg zu dokumentieren.

99 Bewerten Sie dieses Projekt genau, gelingt das nächste besser.

WICHTIGE FRAGEN

F Ist der Geldgeber zufrieden, weil die ursprünglichen Vorgaben und wirtschaftlichen Ziele erfüllt wurden?

F Ist der Kunde mit dem verbesserten Service zufrieden?

F Haben wir die Endergebnisse allen unternehmensrelevanten Gruppen mitgeteilt?

F Habe ich mich bei allen Beteiligten des Projekts bedankt?

F Wurden alle neuen Perspektiven und Erfahrungen festgehalten?

PROJEKTE ZU ENDE FÜHREN

Gegen Projektende werden manche Teammitglieder bereits neue Aufgaben übernehmen. Wichtig ist, dass sich die verbleibenden auf den Abschluss des Projekts konzentrieren, bis der offizielle Abschlussbericht erstellt und die letzte Besprechung vorbei ist. Geben Sie verbleibende Ressourcen nicht zu schnell aus der Hand, insbesondere wenn Sie vermeiden wollen, dass der Nutzen letztendlich dadurch geschmälert wird, dass die letzten Schritte nicht sorgfältig genug ausgeführt wurden. Legen Sie Wert darauf, dass Ihr Unternehmen so viel wie möglich daraus lernen kann und dass die von Ihnen vorhergesagten Ergebnisse auch erreicht wurden.

AUS PROJEKTEN LERNEN

Vereinbaren Sie mit dem Informationskoordinator, dass ein Bericht erstellt wird, in dem Ergebnisse sowie detaillierte wichtige Informationen wie erfasste Daten und angewandte Prozesse enthalten sind. Wird das Projekt sehr wahrscheinlich wiederholt, besprechen Sie mit dem Team den Ablauf nochmals von Anfang bis Ende. Fragen Sie jeden Einzelnen, wo, im Nachhinein gesehen, Verbesserungen möglich gewesen wären. Es ist vorteilhaft, wenn Sie eine Art schematischen Projektplan inklusive Netz- und Balkendiagramm erstellen.

100 Alle Tätigkeiten müssen abgeschlossen sein.

101 Machen Sie die Ergebnisse publik.

EINEN ABSCHLUSSBERICHT ERSTELLEN

BESTANDTEILE	ZU BERÜCKSICHTIGENDE FAKTOREN
LEISTUNGSINDIKATOREN Ein Vergleich, was das Projekt in Bezug auf seine ursprünglichen Ziele erreicht hat	❁ Legen Sie exakt und ausführlich dar, warum Ziele und Ergebnisse voneinander abweichen. ❁ Stellen Sie den Vergleich so an, dass die ursprüngliche Rentabilitätsrechnung berechtigt erscheint.
NUTZUNG DER RESSOURCEN Eine Bewertung der veranschlagten und tatsächlich genutzten Ressourcen	❁ Erläutern Sie, warum weniger oder mehr Ressourcen verwendet wurden als erwartet. ❁ Beziehen Sie alle Informationen mit ein, die das veranschlagte Budget rechtfertigen.
STÄRKEN UND SCHWÄCHEN Eine Bewertung dessen, was gut und was schlecht funktioniert oder Probleme verursacht hat	❁ Bitten Sie das Team um Beiträge, sodass die Analyse möglichst vollständig erfolgen kann. ❁ Aus diesen Informationen sollten andere lernen können.
ERFOLGSFAKTOREN Die Top 10 der Faktoren, die sich für den Erfolg des Projekts als wesentlich erwiesen haben	❁ Erstellen Sie diese Liste mithilfe von Team, Geldgebern und anderen wichtigen Parteien. ❁ Diese Liste sollte auch für zukünftige Projekte relevant sein.

❦ ERFOLG FEIERN

Beschließen Sie das Projekt mit einer Feier, um den engagierten Einsatz des Teams anzuerkennen. So können alle Mitglieder das Erreichte in entspannter Atmosphäre genießen.

DANK AN DAS TEAM

Wichtig ist, dass alle Teammitglieder das Projekt mit einem positiven Gefühl verlassen, insbesondere, wenn die Möglichkeit besteht, bei einem weiteren Projekt wieder mit ihnen zusammenzuarbeiten. Gute Kontakte sollten auch mit den unternehmensrelevanten Gruppen gepflegt werden. Danken Sie jedem persönlich für seinen Beitrag. Halten Sie am Ende ein Meeting ab, bei dem der Geldgeber dem Team dankt und bestätigt, dass das Projekt wirklich von Nutzen war. Auch für Ihre Kunden kann dies eine willkommene Gelegenheit sein, sich zum Erfolg des Teams zu äußern.

Beurteilen Sie Ihre Projekt-Management-Qualitäten

Testen Sie Ihre Fähigkeit, strategisch zu denken, indem Sie die folgenden Fragen gemäß Ihrer Erfahrung beantworten. Versuchen Sie, ehrlich zu sein. Kreuzen Sie für »Nie« Kästchen 1 an, für »Immer« Kästchen 4 usw. Zählen Sie die Punkte zusammen, und lesen Sie die entsprechende Auswertung. Ihre Antworten werden Ihnen zeigen, wo Ihr größtes Verbesserungspotential liegt.

ANTWORTEN

1 Nie

2 Manchmal

3 Oft

4 Immer

1 Ich überprüfe, ob ich eine Reihe von Aktivitäten als Projekt durchführen kann.

1 2 3 4

2 Ich setze spezifische und messbare Ziele für Projekte.

1 2 3 4

3 Ich nehme mir Zeit, ein Projekt sorgfältig zu planen, bevor ich es beginne.

1 2 3 4

4 Ich bin mir der Probleme voll bewusst, mit denen ich konfrontiert bin.

1 2 3 4

5 Ich lasse überprüfen, welche Ressourcen in andere Projekte eingebunden sind.

1 2 3 4

6 Ich habe ständig Kontakt mit allen unternehmensrelevanten Gruppen.

1 2 3 4

7 Ich überlege immer, wie der ideale Nutzen des Projekts aussähe.

1 2 3 4

8 Ich sorge dafür, dass jeder die Projektziele genau verstanden hat.

1 2 3 4

9 Ich setze für jeden Projektbereich wirtschaftliche Ziele.

1 2 3 4

10 Ich stelle sicher, dass das Projekt nichts ändert, was bisher gut funktioniert.

1 2 3 4

11 Ich erstelle eine vollständige Liste mit Tätigkeiten in der richtigen Reihenfolge.

1 2 3 4

12 Ich kalkuliere die verfügbare Arbeitszeit und die Zeit für Projekttätigkeiten.

1 2 3 4

13 Ich beginne erst, wenn die Hauptbeteiligten dem Plan zugestimmt haben.

1 2 3 4

14 Ich ermittle die Kosten des Projekts gemeinsam mit der Finanzabteilung.

1 2 3 4

15 Normalerweise beginne ich die Implementierung mit einem Pilotprojekt.

1 2 3 4

16 Während des gesamten Projekts aktualisiere ich das Netzdiagramm.

1 2 3 4

17 Müssen Ressourcen verändert werden, informiere ich alle davon Betroffenen.

| 1 | 2 | 3 | 4 |

18 Für alle das Projekt gefährdende Risiken erstelle ich Eventualpläne.

| 1 | 2 | 3 | 4 |

19 Ich passe meinen Führungsstil den jeweiligen Umständen und Personen an.

| 1 | 2 | 3 | 4 |

20 Ich überlege, wie ich die Fähigkeiten meines Teams optimieren kann.

| 1 | 2 | 3 | 4 |

21 Ich überlege, ob sich neue Teammitglieder gut ins vorhandene Team einfügen.

| 1 | 2 | 3 | 4 |

22 Ich kläre, dass jedes Teammitglied genau weiß, was von ihm erwartet wird.

| 1 | 2 | 3 | 4 |

23 Ich lasse mich bei der Motivierung des Teams vom Geldgeber unterstützen.

| 1 | 2 | 3 | 4 |

24 Ich dokumentiere die Meilensteine und gebe sie an alle Beteiligten aus.

| 1 | 2 | 3 | 4 |

25 Ich sichere jedem Teammitglied den Zugang zu den erforderlichen Informationen.

| 1 | 2 | 3 | 4 |

26 Ich verberge nichts, weder vor dem Team noch vor den unternehmensrelevanten Gruppen.

| 1 | 2 | 3 | 4 |

27 Ich lade nur die zu Nach-besprechungen ein, die wirklich dabei sein müssen.

| 1 | 2 | 3 | 4 |

28 Ich benutze stets die-selbe Standardmethode, um Erfolge zu dokumentieren.

| 1 | 2 | 3 | 4 |

29 Ich bereite Ziele und Tagesordnung der Meetings vor.

| 1 | 2 | 3 | 4 |

30 Ich treffe Entscheidun-gen nach einem bestimmten logischen Verfahren.

| 1 | 2 | 3 | 4 |

31 Ich informiere den Geld-geber stets über die Entwick-lungen des Projektplans.

| 1 | 2 | 3 | 4 |

32 Ich nutze Problem-lösungsstrategien, um zu Entscheidungen zu gelangen.

| 1 | 2 | 3 | 4 |

AUSWERTUNG

Nachdem Sie alle Fragen beantwortet haben, zählen Sie nun die Punkte zusammen und lesen die entsprechende Auswertung unten. Wo liegen Ihre ganz besonderen Schwächen? Lesen Sie dazu nochmals die entsprechenden Kapitel durch.

32–64: Sie verfügen noch nicht über eine ausreichend perfekte Organisation, um die Ziele komplexer Projekte sicher umzusetzen. Sehen Sie sich den Projektpla-nungsprozess noch einmal an, und setzen Sie ihn dann Schritt für Schritt um.

65–95: Ihre Projektleitung ist ziemlich effizient, einzelne Schwachpunkte sollten Sie jedoch beheben.

96–128: Sie sind ein exzellenter Projektleiter. Ruhen Sie sich aber nicht auf Ihren Lorbeeren aus.

REGISTER

DANK

DANK DER AUTOREN

Ein ganzes Team von fähigen Leuten hat uns bei diesem Buch unterstützt. Besonders danken möchten wir Adèle Hayward und Caroline Marklew von Dorling Kindersley für ihre Hilfe beim Strukturieren des Konzepts, sowie beim ganzen Buch. Im Bereich Design gab es von Arthur Brown viele konstruktive und kreative Anregungen, und Amanda Lebentz ist die positivste und gewissenhafteste Lektorin, die man sich wünschen kann. Allen danken wir für ihre umfangreichen Bemühungen.

DANK DES VERLAGS

Dorling Kindersley dankt folgenden Beteiligten für ihre Hilfe und Unterstützung:

Fotos Steve Gorton.

Models Roger Andre, Angela Cameron, Anne Chapman, Sander deGroot, Emma Harris, Lucy Kelly, Peter Taylor, Roberta Woodhouse.

Make-up Janice Tee.

Bildrecherche Andy Sansom.
Assistenz Bildrecherche Melanie Simmonds.

Register Hilary Bird.

BILDNACHWEISE

Legende: *o* = oben, *u* = unten, *m* = Mitte, *l* = links, *r* = rechts, **Powerstock Photolibrary/Zefa** 27, 31 *or*; Index 51 *ur*, 62 *ul*; Raoul Minsart 4; **Rex Interstock** Melanie/FOTEX Umschlag; **Telegraph Colour Library** FPG/M Malyszko 64 *ul*; Ryanstock 19.

DIE AUTOREN

Andy Bruce ist der Gründer von SofTools.net, einer Gesellschaft für internetbasiertes Business Training und Consulting. Nach seinem Abschluss in Wirtschaftswissenschaften verbrachte er die letzten acht Jahre damit, praktische Hilfestellungen für das Geschäftsleben zu erarbeiten, um Organisationen bei der Strategieentwicklung und beim Umgang mit Veränderungen zu unterstützen.

Ken Langdon war in Verkaufs- und Marketingpositionen in der Computerbranche tätig. Heute unterstützt er als freier Berater große Unternehmen (u.a. den Hardware-Hersteller Hewlett Packard) bei der Entwicklung und Implementierung neuer Strategien. Ken Langdon hat zahlreiche Vorträge über strategisches Denken in den USA, Europa und Australien gehalten.